LES BÉBÉS ANIMAUX en 1000 PHOTOS

Textes
Suzanne Millarca

Photographies
Agence JACANA

À Otto

SOLAR

SOMMAIRE

La naissance

▲▼ *L'autruche pond jusqu'à douze œufs. L'éclosion, au bout de quarante-deux jours, peut demander plus de cinquante heures d'effort à la petite autruche.*

Sortir de l'œuf

La plupart des poissons et des reptiles, des amphibiens, des oiseaux et des insectes pondent des œufs. Une fois leur tâche accomplie, certains parents disparaissent, abandonnant leur progéniture, tandis que d'autres construisent des nids, veillent sur les œufs et prennent soin de leurs petits.

Dans la plupart des cas, les œufs se développent hors du corps de la mère, mais certains reptiles, comme l'orvet ou la vipère, et quelques requins les conservent dans leur ventre jusqu'à complète croissance. Les petits sortent alors vivants et n'ont plus qu'à briser leur coquille.

De taille, de forme et de couleur multiples, les œufs sont pondus dans des milieux très différents. Ceux des poissons et des grenouilles se développent dans l'eau : ils sont mous et gélatineux. Abandonnés par leurs parents, les alevins ne peuvent survivre que s'ils trouvent de la nourriture dès leur éclosion. Ce sont les herbes et les algues sur lesquelles ils reposent qui les alimenteront.

Les œufs des reptiles ont une coquille dont l'étanchéité l'empêche de se dessécher ; ceux des mollusques sont ronds, brillants et nichés dans le sol humide.

De nombreux insectes non aquatiques pondent néanmoins dans l'eau ; les jeunes larves y vivront jusqu'à l'âge adulte. Le scarabée pond dans une boule de bouse dont se nourrira le petit. Le papillon place les siens sur des plantes appréciées et dévorées par la chenille.

Les œufs des oiseaux ont une coquille dure et calcaire. La plupart les pondent dans des nids. Pour les couver, le fou enveloppe ses œufs de ses pattes. Le manchot empereur, quant à lui, maintient son œuf unique dans un repli de la peau, au bas du ventre, pour le protéger du froid. Car certains œufs, pour éclore, ont besoin de chaleur. C'est dans le sable qu'on trouve les œufs de tortue de mer, et dans les feuilles mortes ceux de certains reptiles.

◀ *La roussette pond de gros œufs qui se fixent aux algues.*

▶ *Ce petit iguane vert émerge de sa coquille.*

▼ *Lorsque la petite buse variable sort de l'œuf, elle pèse environ 36 g.*

▼ *Ce petit serpent roi, qui sort de son œuf, deviendra un prédateur vorace.*

▲◀ Après sept à dix semaines d'incubation, la petite tortue luth sort de sa coquille.

▲▶ Les œufs des moustiques flottent sur l'eau ; les larves remontent à la surface pour respirer.

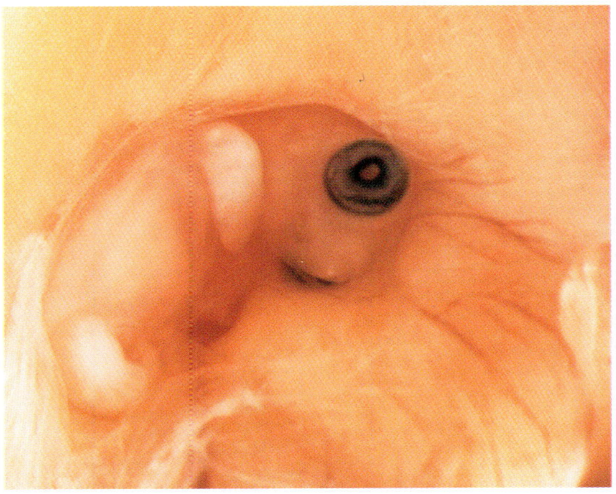

▼▶ La grenouille verte pond jusqu'à 10 000 œufs donnant des têtards qui peuvent mesurer plus de 10 cm de long.

▼ La coccinelle pond plusieurs centaines d'œufs durant son existence. Les larves parviennent à un développement complet après cinq semaines environ.

▶ Le caméléon dépose ses œufs dans un nid creusé à même le sol ou dans du bois décomposé.

▼ Comme l'escargot, la limace pond des œufs d'où vont sortir des petits qui ressemblent déjà aux adultes.

▲ *Après avoir déterré les œufs, la femelle coupe avec ses dents les racines qui ont pu pousser tout autour.*

▼ *Si certains des œufs de la couvée ne s'ouvrent pas facilement, elle facilite la tâche de ses petits. Pour cela, elle déchire la coquille en la faisant rouler doucement entre sa langue et son palais.*

L'éclosion du crocodile

Le crocodile est un des rares reptiles qui s'intéresse à la naissance de ses petits. Peu après l'accouplement, la femelle commence à fabriquer son nid. À l'aide de ses pattes arrière, elle creuse un trou d'une soixantaine de centimètres dans le sable. Elle y dépose de quinze à quatre-vingts œufs, puis les recouvre pour les tenir au chaud. Certaines espèces, comme l'alligator du Mississippi, préfèrent un lieu ombragé, à proximité de l'eau. Il amasse des brindilles, des branches mortes et de la terre, puis il enfouit ses œufs au centre. La matière végétale en décomposition fournit la chaleur nécessaire. De la température d'incubation dépendra d'ailleurs le sexe du nouveau-né. La mère surveille et défend farouchement le nid contre tous les prédateurs. Pendant les trois mois d'incubation, elle est capable de rester sans manger. Par de petits cris et des grognements, les embryons préviennent la mère de l'imminence de leur sortie. Celle-ci découvre alors le nid et déterre les œufs. Une fois leur coquille brisée, elle prend les nouveau-nés dans la bouche et les dépose dans l'eau. Ils resteront tout près de leur mère durant quelques jours, à se prélasser sur sa tête ou son dos. S'il leur arrive de s'égarer, ils poussent de petits cris : les adultes les ramènent aussitôt vers le groupe. Ils sont alors particulièrement vulnérables. Les aigles, les poissons carnivores, les mangoustes sont à l'affût ; tout comme les crocodiles adultes, qui ne reculent pas devant un acte de cannibalisme. À la fin de cette période critique, la famille se défait.

◀▶ *Le nouveau-né est doté d'un outil pour s'extraire plus facilement de son abri.*

▼ *Il possède au bout du museau une petite pointe cornée appelée la caroncule, qui lui sert à briser sa coquille.*

▲▶▶ *De deux à quatre semaines après l'éclosion, cet auxiliaire précieux tombe. La sortie de l'œuf n'est pas un travail facile. D'abri protecteur, il s'est transformé au moment de l'éclosion en une prison dont il faut s'extirper. Cela demande quelques heures d'effort au petit crocodile.*

◀ ▲ ▼ Dès que le petit crocodile est dégagé de sa coquille, sa mère le prend délicatement dans sa bouche pour le mener à l'eau. Il mesure une trentaine de centimètres et constitue une réplique miniature de l'adulte.

▼ ▶ Dans les premiers temps, il fera quelques séjours prolongés sur le dos de sa mère ou bien formera une crèche avec ses congénères.

Le zèbre naît après douze mois de gestation.

La petite gazelle de Thomson sort du ventre de sa mère après une gestation de six mois environ. Elle reste alors cachée pendant quelques jours pour tenter d'échapper aux prédateurs.

Sortir du ventre

Une fois fécondé, l'œuf des mammifères se développe dans l'utérus sous forme d'embryon, et c'est déjà formé et relativement robuste que ce dernier quitte le ventre maternel. Même si, à la naissance, le jeune animal est faible et sans défense, il a atteint un stade où il est capable de pourvoir plus ou moins rapidement à ses besoins. Excepté les marsupiaux, qui naissent à un stade embryonnaire, tous les mammifères, de la souris à l'éléphant, mettent bas des petits déjà alertes. Ces espèces sont dites « vivipares ».

Chez les espèces de petite taille, tels les lapins, les chats, les chiens... les naissances sont en général multiples. Ainsi, la femelle hérisson met au monde cinq petits, et l'opossum peut avoir des portées de douze. Mais le panda, l'éléphant ou les singes n'ont qu'un seul petit.

Par ailleurs, la gestation varie considérablement d'une espèce à l'autre : un mois pour le lapin, cinq mois pour la chèvre, douze pour le zèbre, vingt-deux pour l'éléphant. Après ce temps nécessaire au développement de l'embryon, les petits vont effectuer, hors du ventre maternel, leur première respiration.

Les femelles carnivores ont tendance à s'allonger pour favoriser la naissance, tandis que les herbivores restent debout, sur leur quatre pattes, pour mettre bas. C'est le cas de la girafe, aussi grande soit-elle. Les mammifères marins qui en sont capables retournent sur la terre ferme au moment de l'accouplement et des naissances ; leur petit ne pourrait en effet survivre dans l'eau. La chauve-souris ou le paresseux, quant à eux, mettent bas la tête en bas, le nouveau-né glissant le long de leur corps.

Le premier geste des mères est de couper le cordon ombilical si nécessaire, puis de lécher leur progéniture pour la nettoyer du liquide amniotique, la sécher et la réchauffer. Le petit et la mère apprennent ainsi à se reconnaître par l'odeur, car, pour beaucoup de femelles, il n'est pas question de s'occuper d'un autre petit que le leur.

Le gnou à queue noire naît dans la savane après une gestation de deux cent cinquante jours.

▲ Ce petit singe vert est né après une gestation d'environ cent quatre-vingts jours. Il pèse de 300 à 400 g à la naissance.

▼ Ce petit éléphant de mer vient de naître après une gestation d'un an.

▶ Le petit éléphant de mer mesure environ 1,20 m et pèse entre 40 et 50 kg.

▼ La femelle chevreuil met au monde de un à trois faons, qu'elle va allaiter durant trois mois.

▲ ▼ Quatre ou cinq petits hérissons naissent après une gestation d'un mois. Leur mère va les allaiter durant une vingtaine de jours.

▲ ▼ De deux à cinq lionceaux naissent après une gestation de trois mois et demi. Leur mère va les allaiter deux mois et demi.

▼ Le veau naît après une gestation de neuf mois.

Grandir dans une poche

L'ordre des marsupiaux, dont la caractéristique principale est le mode de reproduction, comprend plus de deux cent cinquante espèces, le kangourou étant sans doute le plus connu. Très petits ou géants, herbivores ou carnivores, ces animaux naissent au stade embryonnaire, après une gestation très courte, et achèvent leur développement dans la poche ventrale de leur mère qui est comme une seconde matrice.

La femelle met bas, couchée sur le côté ou bien sur le dos. Minuscule, inachevé et aveugle, le petit commence ensuite à grimper le long de son pelage. Comment effectue-t-il le dangereux voyage jusqu'à la poche ? Sans doute grâce au chemin de salive que sa mère trace avec la langue. Puis il prend place dans le marsupium et se fixe à une mamelle, qui se dilate alors jusqu'à remplir sa cavité orale. Au bout d'un moment, lorsqu'il a atteint un certain développement, le petit se détache du mamelon, mais ne quitte pas la poche pour autant.

L'embryon du kangourou roux, le plus grand des marsupiaux, connaît une gestation de trente à quarante jours. À sa naissance, il pèse à peine un gramme. Quelques heures avant, la mère a soigneusement léché son marsupium pour le nettoyer. C'est là qu'il va se développer pendant six mois environ. Trois semaines plus tard, il s'aventure au-dehors, mais réintègre l'abri maternel au moindre danger. Vers l'âge de huit mois, il quitte définitivement la poche, mais ne dédaigne pas d'y revenir de temps à autre pour téter. Et qu'elle soit déjà occupée par autre petit n'est pas un obstacle pour lui.

Grâce à cette étrange poche, la mère emmène son petit partout et fuit ainsi plus facilement les ennemis. Mais au-delà d'une certaine taille, son petit peut devenir embarrassant et ralentir sa course. C'est pour cela qu'il lui arrive, confrontée à un danger, de le poser sur le sol. Il reste alors sans bouger, jusqu'à ce que sa mère revienne le chercher.

▲▶ Le jeune kangourou géant mâle atteindra plus de 2 m de haut, alors qu'il ne mesurait que quelques centimètres à la naissance.

▼ Le rat-kangourou à long nez séjourne dix-sept semaines dans le marsupium.

◀ Adulte, le wallaby de l'île d'Eugene ne pèsera que 3 à 4 kg.

▼ Le petit phalanger-renard passe, après dix-sept jours de gestation, cinq mois environ dans la poche marsupiale.

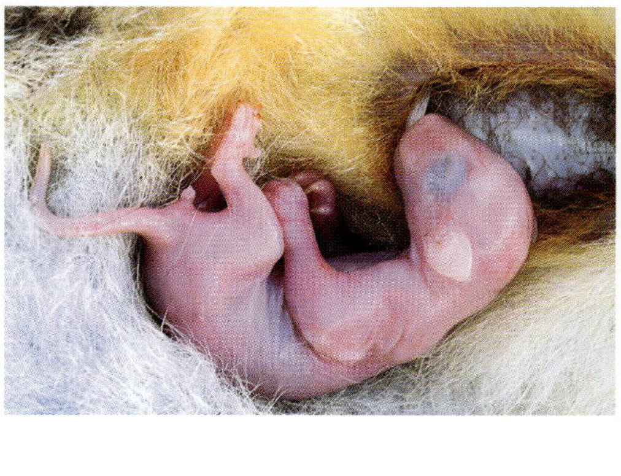

◀ L'opossum commun de Virginie peut mettre bas plus de vingt petits, mais il ne peut en allaiter qu'une dizaine à la fois. Les autres sont donc éliminés.

▼ Ce grand kangourou gris retourne enfouir sa tête déjà massive dans le marsupium pour téter.

Le possum à queue en brosse naît après une gestation de dix-sept jours. Il sera sevré au bout de six mois.

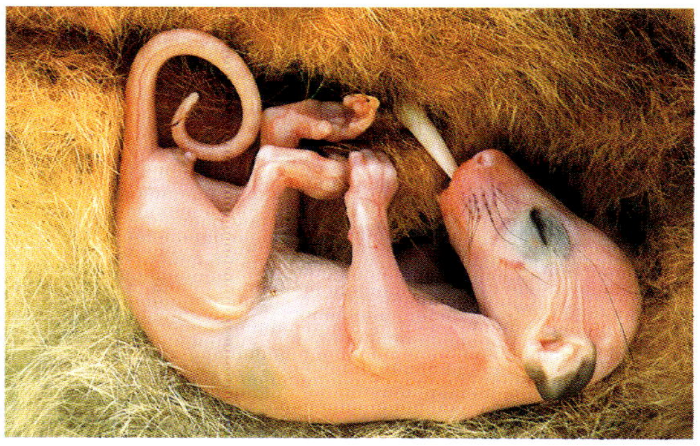

Ce petit kangourou arboricole de Matschiei est confortablement installé dans la poche maternelle.

À sa naissance, le kangourou roux pèse 0,75 g. Il demeurera deux cent quarante jours dans la poche maternelle, puis cent vingt jours aux côtés de sa mère.

Poids plume

À sa naissance, le petit koala mesure à peine 2 cm et pèse quelques grammes. Il va rester entre cinq et six mois dans le marsupium, puis va passer les six mois suivants sur le dos de sa mère.

Le petit wallaby de Bennet deviendra, comme sa mère, un très bon sauteur.

▶▼ *La tanière du renard est un simple trou creusé dans le sol. Peu avant la naissance de ses petits, la mère s'arrache des poils pour en tapisser l'abri.*

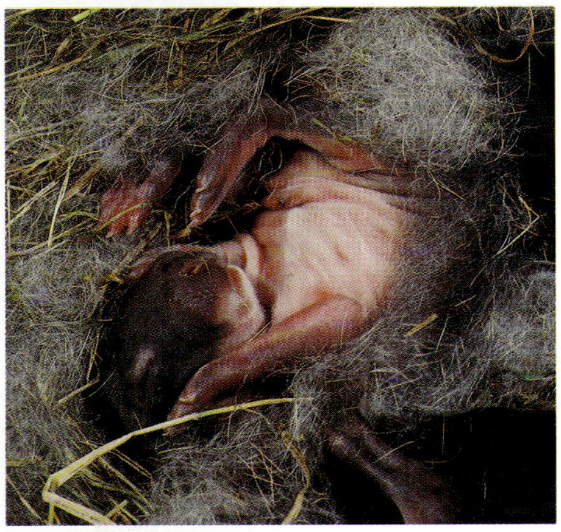

▲▼ *La lapine construit pour ses petits un nid de foin ou de paille qu'elle tapisse de ses propres poils. Il est généralement situé à l'extrémité d'un terrier. Lorsqu'elle s'en éloigne, elle dissimule l'entrée.*

Naître dans une tanière, dans un nid

De nombreux mammifères – vaches, éléphants, girafes... – mettent bas leurs petits en plein air, dans des lieux plus ou moins découverts, sans le moindre souci de leur procurer un abri. Ces animaux, capables de se déplacer rapidement après leur naissance, n'en ont guère besoin. Mais d'autres naissent sans la moindre possibilité d'autonomie. La tanière ou le nid sont alors pour eux un antre protecteur indispensable. Dépourvus de fourrure, fragiles, ils sont maintenus au chaud dans cet abri et par le corps de leur mère.

Certains parents sont doués pour la construction. À l'approche de la naissance de leurs petits, ils se mettent en quête d'un endroit sûr et abrité où ils bâtissent une demeure pour leur progéniture. Alors que certains oiseaux confectionnent des nids très sophistiqués, la plupart des mammifères sont, quant à eux, beaucoup moins habiles. Ils se contentent souvent d'un trou dans le sol, d'un arbre creux. Le lynx naît en général dans une cavité rocheuse, le jaguar sur une surface d'herbe aplatie...

Pourtant, quelques animaux sont de véritables architectes. L'écureuil construit un nid composé de feuilles, de mousse et d'écorce de chèvrefeuille, qui, posé à la fourche d'une branche, est si solide qu'il peut subsister des années en dépit des intempéries. La tanière du blaireau est un véritable labyrinthe composé de plusieurs pièces. Très propre, elle est tapissée d'herbe et de paille, un puits spécial servant à évacuer les excréments. L'ourse polaire, quant à elle, fabrique sous la neige une tanière sophistiquée qui ressemble à un igloo. L'accès en est fermé par un tas de neige, et la température, de 10 à 20 °C, y est, grâce à la chaleur de la mère, supérieure à celle de l'extérieur.

▼▶ *La tanière du loup, appelée lovière, est dissimulée au creux d'un arbre ou dans une anfractuosité du terrain. La louve récupère parfois l'ancienne tanière de renards ou de castors, bien cachée à proximité d'un point d'eau.*

Les petits rongeurs, tels ces lérots (à gauche) ou ces muscardins (à droite), construisent des nids aux creux des arbres, dans les greniers, dans d'anciens nids d'écureuils ou d'oiseaux, avec des branches, des feuilles, de la mousse.

Au début de l'hiver, l'ourse s'est retirée dans une tanière tranquille. Elle y dort depuis un moment quand naissent ses oursons. Ils en sortiront aux premiers beaux jours.

La hyène creuse son terrier à même le sol. Elle profite parfois d'une anfractuosité naturelle du terrain.

Le nid des chiens de prairie, tapissé d'herbe, se trouve à l'extrémité la plus éloignée d'une galerie souterraine.

Le terrier de la marmotte est très confortable. Il est habité par les parents et par les jeunes des trois dernières années. Ils y ont hiberné dans une pièce tapissée de foin.

Ces petits renards à oreilles de chauve-souris se tiennent à l'entrée de leur terrier.

L'écureuil peut construire un nid très solide sur les branches des arbres ou tapisser de feuilles, de mousse et d'herbe une cavité trouvée dans un tronc d'arbre.

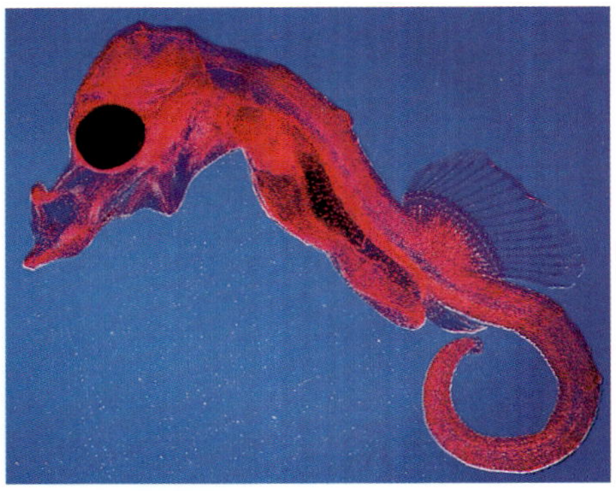

Naître dans l'eau et y rester

Beaucoup d'animaux naissent et passent leur vie dans l'eau sans jamais fouler la terre ferme. C'est bien sûr le cas des poissons et aussi de nombreuses formes inférieures tels les mollusques, les crustacés... D'autres animaux beaucoup plus évolués, comme certains mammifères marins – dugongs et lamantins, baleines et dauphins – ne connaîtront également que l'eau. Le jeune dauphin naît dans la mer, la queue la première, tout comme le baleineau. Ils doivent alors aussitôt remonter à la surface pour effectuer leur première respiration. La plupart des poissons abandonnent leurs œufs, qui vont parvenir à maturité et éclore au fond de la mer. D'autres les déposent dans des cachettes, au milieu d'herbes ou d'algues dont les nouveau-nés vont se nourrir. D'autres enfin, en parents très attentifs, les gardent dans leur cavité buccale jusqu'à l'éclosion. C'est ainsi que procèdent les poissons-chats, dont c'est le mâle qui incube les œufs. La dimension des œufs varie selon les espèces ; tout comme leur quantité : la truite en pond de 2 000 à 3 000, la morue de 2 à 6 millions, qui se dispersent dans la mer, et le turbot de 8 à 10 millions. Les œufs pélagiques sont petits, légers et flottent à la surface. Les poissons qui les pondent sont très féconds, ce qui assure la survie de l'espèce, car ces œufs sont menacés par les prédateurs et les intempéries. Seuls quelques-uns survivront. Les œufs démersaux, quant à eux, sont plus gros et plus lourds. Ils tombent sur le fond ou s'accrochent à des éléments immergés. L'œuf donne généralement naissance à un alevin, réplique en miniature de l'adulte. Dans les premiers temps, le petit s'alimente grâce au sac vitellin situé sous son ventre et rempli de matières nutritives. Mais l'œuf peut aussi produire une larve qui subira une sérieuse métamorphose pour prendre sa forme adulte.

▲ ▼ *La femelle hippocampe dépose ses œufs dans la poche que le mâle possède sous la queue. Une fois éclos, les petits se nourrissent du sang de leur père. six semaines plus tard, de minuscules hippocampes sortent parfaitement formés.*

Une tétée aquatique

Après une gestation d'un an, la femelle lamantin donne naissance à son petit dans l'eau. Elle l'allaite de douze à dix-huit mois sous l'eau. Pour cela, elle se tient en position horizontale. Elle prend grand soin de lui et le porte souvent entre ses bras.

▲ Les embryons des requins se développent dans le corps de la mère. Les petits en sortent complètement formés.

▼▶ *La pieuvre femelle accroche ses œufs au plafond de son abri. Elle les nettoie et les ventile jusqu'à l'éclosion, de un à trois mois plus tard.*

▼ Le saumon pond de 2 000 à 3 000 œufs.

▲ Les œufs du guppy se développent dans l'organisme maternel, et la femelle met au monde des petits déjà bien formés.

◀ Cet alevin de truite a récemment éclos.

▶ *La crevette transporte ses œufs à l'aide de son appendice abdominal. De ces œufs sortent des larves.*

▼ *Un ban d'alevins poissons-hachettes.*

▲ *Un ban d'alevins poissons-cochers.*

▶ *Les nombreux œufs des seiches se fixent par grappes aux herbes marines. De chacun naît une seiche en miniature.*

▸ *Le foulque niche au sol ou sur l'eau, au milieu de la végétation.*

◂ *Le grand héron construit son nid dans les arbres, parfois jusqu'à 40 m au-dessus du sol.*

Naître dans un nid

Le manchot, comme certains autres oiseaux, ne fabrique pas de nid pour la naissance de son petit. D'autres espèces, au contraire, en construisent d'extrêmement élaborés, surtout lorsque les jeunes y effectuent une grande partie de leur croissance. Tapissés de plumes, de laine, de poils, ils sont camouflés dans des arbres, des troncs creux, sous les toits, installés aux flancs des rochers... Quelques oiseaux néanmoins se contentent d'une dépression dans le sol qu'ils recouvrent sommairement de brins d'herbe ou de branchages.

Quoi qu'il en soit, le nid est une cachette dans un environnement hostile où les œufs doivent incuber de dix à cinquante-deux jours selon les espèces.

Durant cette période, les parents se relaient pour couver et trouver de la nourriture. Chez les oiseaux de proie, seule la femelle s'occupe des œufs. Parfois, les parents se sont séparés juste après la ponte. Quelques jours avant d'éclore, les poussins se manifestent par de petits cris. La mère ne quitte plus le nid. Mais sortir de l'œuf est parfois une véritable épreuve. Heureusement, une pointe très dure située au-dessus du bec de l'oisillon, et qui disparaît ensuite, lui permet de briser sa coquille. La majorité des oiseaux prennent grand soin du nid tant qu'y séjournent leurs petits. Ils le débarrassent régulièrement des souillures et des excréments.

Selon les espèces, nidicoles ou nidifuges, les jeunes oiseaux quittent plus ou moins vite leur nid. Quand ils rechignent à le faire, les adultes les incitent parfois à partir en poussant des cris d'appel et en agitant de la nourriture dans leur bec. Ils s'approchent, s'éloignent, et recommencent jusqu'à ce que les petits se décident à quitter leur abri.

Il arrive que des individus différents se succèdent dans un même nid. Ils le réaménagent alors à leur goût.

▴ *La buse variable pose son nid haut dans un arbre et parfois sur une falaise.*

▾ ▸ *Le cygne tuberculé, tout comme le cygne siffleur, installe son nid sur une petite île ou sur une rive difficilement accessible. Il y pond de cinq à huit œufs.*

◂ *Le canard colvert aménage son nid par terre ou dans un trou d'arbre. Il y pond de sept à onze œufs.*

▸ *L'hypolaïs polyglotte nidifie dans une touffe de laurier-rose ou dans un autre petit arbre. Il pond quatre ou cinq œufs.*

L'albatros construit son nid sur une petite île isolée, à flanc de colline, et ne pond qu'un seul œuf.

La fauvette à tête noire pond de quatre à six œufs dans un nid situé dans un buisson ou un arbuste.

Le goéland argenté nidifie sur une corniche de rocher ou dans l'herbe et y pond trois œufs.

La mésange charbonnière installe son nid dans un trou d'arbre ou de mur. Elle y dépose de sept à dix œufs.

La mouette rieuse pond trois œufs sur une touffe de joncs ou de carex.

Le tantale nidifie dans les arbres, parfois à plus de 30 m du sol. Il n'est pas rare de trouver plus de vingt-cinq nids dans un même arbre.

La spatule rose installe son nid de branchettes dans les arbres, les buissons ou parmi les roseaux.

Le loriot d'Europe installe son nid au sommet d'un arbre et y pond de trois à cinq œufs.

Le rossignol philomène nidifie sur le sol ou, parfois sous un buisson.

▲ *Le dernier-né des cigogneaux, trop faible, rattrape rarement son handicap et meurt.*

▼ *Le mâle et la femelle couvent à tour de rôle toutes les heures, mais la nuit, c'est la femelle qui assure le travail.*

▲ *Le nid est une plate-forme qui peut atteindre plus de 2 m de diamètre.*

L'extraordinaire nid de la cigogne

Vers la fin de l'hiver, lorsque les cigognes reviennent de leur long périple, le mâle se met à la recherche du nid familial. Une fois l'emplacement reconnu, il en commence la restauration : il ajoute des branchettes pour l'agrandir et consolider l'assise, épaissit le matelas de mousse et de paille. Au bout de plusieurs années, certains nids peuvent peser plus de 500 kilos ! Quelques jours plus tard, lorsque tout est prêt, la femelle arrive.

Au début du printemps, elle pond généralement quatre œufs. Cette activité dure une dizaine de jours, tout comme les éclosions successives, qui débutent après plus de quatre semaines de couvaison. Pour accomplir cette tâche, les parents se sont consciencieusement relayés dès la ponte du premier œuf.

Ce sont les trois premières semaines qui leur demandent le plus de travail. Pour satisfaire la voracité de leurs petits et calmer leur impatience, ils doivent apporter de grandes quantités de nourriture qu'ils régurgitent au milieu du nid. Après cette période, les cigogneaux, déjà bien développés, commencent à battre des ailes, mais ils ne seront capables de voler qu'au bout de deux mois.

Dans les premiers temps, les parents continuent de les nourrir et ils réintègrent chaque nuit le nid familial. Après cette phase de transition, ils le quittent définitivement. Et un peu plus tard entament avec les adultes le long voyage qui doit les mener en Afrique.

Trois ans après, ils réapparaîtront dans leur région natale pour nidifier à leur tour.

La cigogne est un oiseau de bon augure : on raconte qu'elle amène les bébés dans un sac accroché à son bec. Ce pouvoir légendaire lui a valu la protection des hommes.

◀ *Les cigognes ne chantent pas, mais lorsqu'elles prennent leur tour de garde dans le nid, elles font un salut rituel spectaculaire avec des claquements de bec.*

◀ ▲ *À la naissance, le cigogneau pèse 75 g. Il est couvert d'un premier duvet gris-blanc qui sera remplacé le septième jour par un duvet blanc pur.*

▲ *Les parents protègent leurs petits du soleil en déployant leurs ailes au-dessus d'eux.*

▼ *Les cigognes ne sont pas difficiles : elles mangent des lombrics, des grenouilles, des lézards, des serpents, des rongeurs, de petits poissons, des œufs d'oiseaux.*

▲ *Les petits naissent avec un bec noir, qui deviendra orange à leur maturité.*

▲ ▼ *Le nid des cigognes est une immense construction de branchages qu'elles installent sur les toits, au sommet des arbres, sur un poteau télégraphique, une tour d'église...*

▲ ▶ *À deux mois, les jeunes pèsent déjà plus de 3 kg.*

▼ *Les adultes transportent de l'eau dans leur bec et la déversent dans celui des petits.*

▲ *Les cigogneaux sont très agités et passent leur temps à se chicaner.*

▲ *Le petit morse naît en mai. Il est incapable de se nourrir seul avant d'avoir des défenses. Sa mère l'allaite pendant dix-huit mois.*

▲ *Le petit caribou naît en juin. Après un ou deux jours, il est déjà capable de suivre le troupeau.*

▼ *La petite panthère des neiges naît dans les prairies qui recouvrent la montagne, en Asie.*

Naître dans le froid

Le froid intense de l'Arctique fait geler la mer sur une épaisseur de quelques mètres, c'est la banquise. Sur ce désert glacé naissent et vivent provisoirement, ou en permanence pour certains, toutes sortes d'animaux adaptés au froid intense : ours blancs, morses, phoques gris, goélands sénateurs, harfangs des neiges...

Dans la toundra au sol gelé qui entoure l'Arctique, des bœufs musqués, des caribous et des rennes viennent se reproduire en été. Les lemmings, quant à eux, y vivent continûment. Ils creusent des galeries dans la neige, où leurs petits naissent au printemps.

À l'opposé, sur le continent antarctique, recouvert de neige et d'une couche de glace qui peut atteindre une épaisseur de 2,5 km, vivent le long des côtes des manchots, des albatros... Les animaux évitent l'intérieur des terres, dont les conditions sont trop rudes pour eux. Au pôle Nord comme au pôle Sud, l'été est très court : c'est à ce moment-là que des populations animales arrivent pour se reproduire. La nourriture abonde et les prédateurs étant moins nombreux qu'ailleurs, les nouveau-nés y sont un peu plus en sécurité.

Quand revient l'hiver, certaines espèces demeurent sur place. Une fourrure abondante et une graisse sous-cutanée épaisse les protègent du climat polaire. D'autres partent vers des horizons moins froids et reviennent l'été suivant, aux mêmes endroits, guidés par la position du soleil, de la lune et des étoiles.

Quoi qu'il en soit, les petits nés sur la glace doivent se développer rapidement, car la saison clémente dure peu. Il leur faut être suffisamment forts pour affronter le retour du froid extrême ou pour migrer.

D'autres animaux ont dû s'adapter à la vie des montagnes. Au sommet, rien ne pousse. Il faut donc descendre les pentes pour trouver de quoi se nourrir. C'est ce que font de nombreux herbivores, qui traînent à leur suite des mammifères carnivores tels la panthère des neiges ou le lynx, à l'affût des petits, faibles et vulnérables.

▶ *Les parents de la jeune mouette tridactyle ne viennent à terre que pour la reproduction...*

▼ *Le petit sterne grandit vite et part pour sa longue migration vers le sud à la fin de l'été.*

▲▼ *Le petit bœuf musqué naît dans la toundra. Pour le protéger des loups, les adultes font un cercle autour de lui.*

▲ *Tout comme ceux de la mouette tridactyle, les parents du jeune grand labbe gagnent la terre à l'époque de la reproduction.*

▼ *Le renard polaire a de nombreux frères et sœurs, qui sont élevés par les deux parents.*

◀ ▲ *Le jeune grizzly reste avec sa mère plus d'un an.*

▼ *Le jeune pingouin, contrairement au manchot, aura la capacité de voler.*

▲ *Le petit macareux naît dans le froid de l'Arctique.*

Des pattes protectrices

Le poussin du manchot empereur reste blotti près de deux mois sur les pattes de sa mère ou de son père. Il va de temps en temps faire quelques pas sur la glace. Puis il prend progressivement son indépendance lorsque la température se radoucit.

◀ *Le pétrel des neiges ou de l'Antarctique se reproduit sur des rochers qui émergent des glaces.*

▼ *Le lemming peut mettre bas jusqu'à huit portées de six petits en un été.*

Le plus gros, le plus petit, le plus rapide...

▲ *Le girafeau deviendra l'animal le plus grand. Il mesurera environ 4,5 m de haut.*

▼ *L'éléphant d'Afrique pèse 150 kg à la naissance. Adulte, il atteindra plus de 7 t. C'est le plus lourd des animaux terrestres.*

▶ *L'escargot mettra trois jours et demi pour parcourir 1 km.*

▼ *Adulte, le kangourou pourra faire des bonds de 3,5 m de haut. C'est le mammifère qui saute le plus haut.*

D'innombrables espèces forment le règne animal. À l'intérieur de ce monde fascinant existent des disparités extraordinaires. Il n'y a bien évidemment rien de commun entre un protozoaire et un mammifère évolué. Pourtant, chaque espèce a ses caractéristiques physiques, ses propres mœurs, ses comportements particuliers. Des animaux très simples nous étonnent par certaines de leurs performances, d'autres par leur apparence peu commune.

Dans chaque classe se trouvent des animaux qui, à leur manière, peuvent prétendre atteindre un record. Sans aucune intention pourtant !

Ainsi, la baleine bleue est le plus lourd et le plus volumineux des animaux. À sa naissance, le baleineau pèse 2 000 kilos et mesure 7 mètres de long. Adulte, il pèsera plus de 130 tonnes. Un spécimen de 190 tonnes fut pêché en 1947, soit le poids de trente et un éléphants.

Le plus long des animaux est un ver marin, *Lineus longissimus*, qui peut atteindre 55 mètres pour une épaisseur de 1 centimètre.

Comme le kangourou, la puce est une remarquable sauteuse. Elle fait des bonds de 20 centimètres de haut, ce qui représente 150 fois sa hauteur.

Beaucoup de très jeunes animaux périssent, victimes de prédateurs ou de maladies. Certains, comme l'éphémère, sont programmés pour durer très peu. D'autres, en revanche, ont la chance de vivre très vieux. La tortue géante des Galápagos peut vivre jusqu'à plus de cent cinquante ans et l'épaulard femelle peut atteindre cent ans.

Mais il est d'autres records peut-être plus impressionnants encore. Pour trouver sa nourriture, le pluvier doré parcourt chaque année plus de 19 000 kilomètres entre le Brésil et le Canada. La tortue franche, quant à elle, nage près de 3 000 kilomètres pour rejoindre de petites îles perdues au milieu de l'Océan, où elle va se reproduire. Puis, elle entreprend le même voyage en sens inverse pour regagner les côtes du Brésil.

▲ *Le petit tigre de Sibérie deviendra le plus grand des félins. Il mesurera jusqu'à 3,5 m de son museau à l'extrémité de sa queue.*

◀ *En grandissant, l'éléphant de mer mâle pèsera quatre fois le poids de la femelle. Il deviendra le plus grand de tous les pinnipèdes.*

▲ La jeune tortue luth deviendra la plus grande des tortues. Elle mesurera 2,5 m de long et pèsera plus de 800 kg.

◀ Le guépard est le plus rapide des mammifères, atteignant des pointes de vitesse de 110 km/h.

▼ Le petit gorille des montagnes sera adulte le plus grand des primates, avec 1,75 m de haut.

▲ Ce cachalot pourra atteindre le record de longévité des mammifères marins : quatre-vingt-dix ans. C'est aussi la plus grande des baleines à dents, avec ses 20 m de long.

▲ La fourmi est l'animal le plus fort par rapport à sa taille. Elle peut transporter cinq fois son propre poids.

▲ Atteignant 300 km/h en piqué, le petit faucon pèlerin deviendra le plus rapide des oiseaux.

▲ L'autruche est le plus grand des oiseaux avec ses 2,7 m de haut et le plus rapide avec des pointes de 65 km/h.

◀ Le petit singe hurleur pourra se faire entendre à plus de 16 km de distance.

▶ Le petit paresseux battra des records de lenteur en parcourant 120 m à l'heure.

▲ *Après quelques semaines, la jeune araignée sort de l'œuf, mais demeure dans le cocon. Elle ressemble à l'araignée adulte, mais est dépourvue de piquants et de poils.*

Insectes, araignées, crustacés et autres invertébrés

Contrairement aux reptiles, aux poissons, aux oiseaux ou encore aux mammifères, les invertébrés sont des animaux dépourvus de squelette interne. Ils représentent 95 % des espèces vivantes, de l'amibe à l'insecte en passant par les méduses, les vers, les araignées, les crustacés et mollusques... Ils sont partout : dans l'eau, dans les airs et sur la terre ferme.

Les espèces d'insectes sont innombrables. Leur forme, leur couleur, leur taille offrent une diversité extraordinaire. De plus, beaucoup possèdent une énorme puissance de reproduction. Une reine de termites, par exemple, pond un œuf toutes les deux secondes, vingt-quatre heures sur vingt-quatre.

Les insectes déposent leurs œufs dans des lieux très divers – sur des feuilles, dans le sol, dans la tige de certains végétaux – où les larves trouveront, dès leur éclosion, de quoi se nourrir. Des mues successives vont les transformer en des insectes adultes, qui ne vivront pour certains que quelques heures, mais suffisamment tout de même pour s'accoupler, pondre et perpétuer la vie. Les araignées, quant à elles, déposent leurs œufs dans un cocon placé sous des pierres ou dans l'écorce des arbres.

Des œufs de crustacés, libérés dans l'eau ou agglutinés sous la queue de la femelle, sortent des larves à des stades plus ou moins avancés. La grande crevette rose pond de très nombreux œufs, qui donnent naissance à des larves microscopiques ayant peu de ressemblance avec l'adulte. Tandis que l'écrevisse est déjà un jeune crustacé lorsqu'elle sort de son œuf.

Les mollusques comptent plus de 45 000 espèces très diversifiées tant dans leur morphologie que dans leur organisation interne. La plupart vivent dans l'eau, tels les coquillages, les pieuvres ou les calmars, d'autres évoluent sur terre comme la limace ou l'escargot. Ce dernier creuse le sol pour y déposer ses œufs. Environ un mois plus tard, de minuscules escargots, dotés d'une ébauche de coquille, en sortent. Peu après, ils quitteront leur nid pour partir à la recherche de nourriture, guettés par de nombreux ennemis : hérissons, oiseaux, crapauds...

▲ ▶ *Les larves de coccinelle ont une forme allongée et sont couvertes de protubérances Elles se nourrissent de pucerons et de cochenilles.*

▼ *L'escargot ne connaît pas de stade larvaire. De ses œufs à coque blanche, sortent des petits déjà formés.*

▼ *La sauterelle femelle pond ses œufs dans le sol ou dans les tissus végétaux.*

▲ *La femelle doryphore pond environ 2 000 œufs sur des feuilles que les larves dévorent lorsqu'elles ont éclos, une semaine plus tard.*

Mues à répétition

Les œufs que pondent les femelles crabes restent attachés à leur corps et éclosent après deux semaines d'incubation. Les jeunes sont alors pourvus de longues épines, puis ils muent à plusieurs reprises, abandonnant chaque fois leur ancienne carapace.

▲ ▼ *La femelle hanneton pond dans des trous creusés dans le sol et recouvre ses œufs d'excréments. Elle transmet ainsi aux larves des éléments indispensables à la digestion des racines dont elles s'alimentent.*

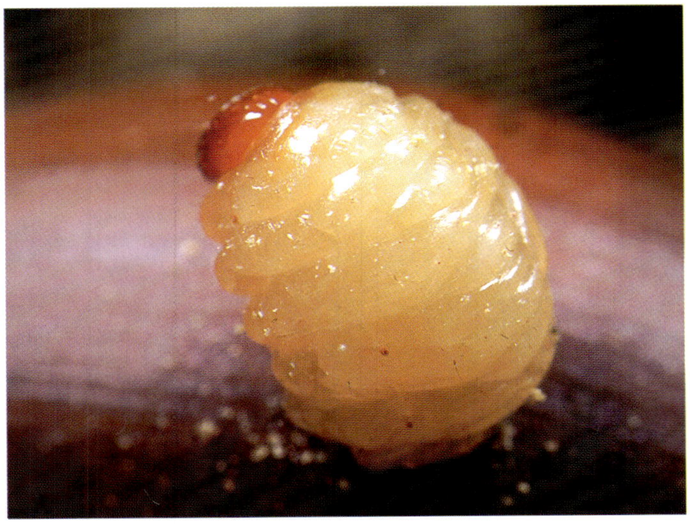

◀ ▼ *La femelle balanin perce les glands et les châtaignes au moyen de son rostre pour y introduire un œuf. Parvenue à maturité, la larve née de cet œuf sort de la coque par un trou qu'elle a pratiqué. Elle se laisse tomber à terre et, dans le sol, se transforme en nymphe puis en insecte adulte.*

◀ ▶ *La femelle termite pond une énorme quantité d'œufs dans un nid qui a été aménagé à cet effet. Le couple reproducteur nourrit les premières larves, quitte à puiser dans ses propres réserves. Les ouvrières de la colonie leur procurent ensuite de la nourriture.*

Les premiers pas

▲ *Le marcassin se tient sur ses pattes juste après sa naissance.*

▲ ▶ *Le petit dromadaire comme le chamelon suivent leur mère sur leurs pattes un peu incertaines, deux ou trois heures après leur naissance.*

Des bébés alertes aussitôt nés

À la naissance, certains petits ne peuvent se défendre. Ils dépendent entièrement des soins et de la vigilance de leurs parents. D'autres viennent au monde déjà très évolués, après une gestation assez longue. Bien développés, ils naissent avec un pelage, des muscles vigoureux et les sens en éveil. Ils sont relativement indépendants, bien qu'ils aient besoin d'être nourris et protégés par leur mère pendant un certain temps. Ce sont essentiellement des herbivores nomades qui vivent au milieu d'importants troupeaux.

Même si, au tout début, leurs mouvements manquent un peu de coordination et d'assurance, ils sont capables, à peine nés, de se mettre debout et de tenir peu après le rythme des adultes. Cette aptitude motrice est un gage de survie. Les petits doivent être immédiatement alertes pour suivre leur mère dans ses déplacements ou intégrer le troupeau, qui leur assure une protection. C'est ainsi qu'ils ont une chance d'échapper aux prédateurs, car les petits sont des proies rêvées. Dans la savane, il n'y a guère de cachettes et les félins rôdent. Après la naissance, le groupe doit aussi se remettre en route rapidement pour trouver sa nourriture.

D'une espèce à l'autre cependant, le temps nécessaire à la locomotion varie. Le faon reste caché, camouflé par sa robe tachetée, puis après quelques jours, s'élance allègrement. L'antilope, quant à elle, se dresse une heure à peine après avoir vu le jour, une fois qu'elle a été soigneusement nettoyée par sa mère.

▲ *À peine l'éléphanteau né, sa mère l'aide à se dresser sur ses pattes.*

◀ *Après quarante-cinq minutes, le petit lama se tient debout. Il est même capable de galoper sur de courtes distances.*

▶ *Une heure après sa naissance, le petit bison suit le troupeau.*

Difficiles débuts

À peine sorties de leur coquille, les petites tortues luth se frayent un chemin vers la surface du nid. Elles doivent pour cela creuser des heures. Elles se précipitent ensuite, toutes ensemble, vers la mer, qu'elles rejoignent en quelques minutes, si elles n'ont pas, sur leur chemin, rencontré de redoutables prédateurs.

▲ Le jeune renne, qui se tient sur ses pattes quelques dizaines de minutes après sa naissance, est souvent la victime des loups.

▶ Le petit crocodile se déplace aussitôt sorti de l'œuf.

◀ Le jeune rhinocéros tète sa mère debout, à peine une heure après avoir vu le jour.

▶ Le petit orignal est sur pattes une demi-heure après sa naissance.

◀ Âgé de deux heures, le petit zèbre peut suivre sa mère au pas.

▶ Bien qu'il ait très vite la capacité de courir, le jeune gnou à queue noire est souvent la proie des grands carnivores.

▼▶ Le petit hippopotame sait nager avant de pouvoir marcher. Il se repose sur le dos de sa mère, à la surface de l'eau.

▲ ▼ *Au bout de deux semaines, le girafeau se met à brouter de l'herbe. À quatre mois, il se nourrit des mêmes feuilles que les adultes.*

▼ *À cause de son long cou, la girafe a de grandes difficultés pour boire. C'est au moment où tout son corps est plié vers le sol, qu'elle est le plus vulnérable. Mais elle peut rester sans boire pendant plusieurs jours.*

Un girafeau dégingandé

C'est d'une hauteur de plus de 2 mètres que le girafeau tombe sur le sol. La mère met en effet au monde son petit en restant debout, les pattes postérieures écartées. Il amortit cette naissance plutôt abrupte en atterrissant sur ses pattes antérieures, qui supportent le choc de la chute.

Une demi-heure plus tard, le girafeau se lève et, mal assuré, les jambes tremblantes, il se met à téter, encouragé par sa mère, qui le flaire avec délicatesse tout en le dirigeant vers ses mamelles. Le lendemain, son petit court déjà dans tous les sens et au bout du troisième jour, il est suffisamment solide pour sauter.

C'est la copie conforme de sa mère en miniature : son cou et ses pattes sont déjà tout aussi allongés et les dessins de sa robe ne se modifieront guère. Il mesure 1,80 m de haut et bientôt il pourra atteindre, comme sa génitrice, la cime des arbres pour y prélever les feuilles d'acacia, son mets favori. Pour le moment, il se contente de brouter de l'herbe, tout en absorbant le lait très riche de sa mère. Il sera sevré vers l'âge de neuf mois environ.

Pour protéger son petit, la mère le place entre ses pattes de devant et lance de terribles ruades avec ses pattes postérieures. Elle parvient, de cette manière, à le sauver des prédateurs avides. Mais il arrive également qu'elle l'installe, en compagnie d'autres girafeaux, dans un lieu retiré et en surplomb. C'est une façon pour elle de le mettre à l'abri et de le surveiller à distance.

Pourtant, la moitié des girafeaux périssent avant d'atteindre l'âge d'un an, victimes essentiellement des lions, des guépards et des léopards.

◀ *Le girafeau naît après une gestation de quatorze mois.*

▼ *Le girafeau est la copie conforme de sa mère.*

◀ *On peut distinguer un girafeau d'un autre grâce au dessin de sa robe, sur le côté gauche du cou, qui est unique.*

▶ *À sa naissance, le girafeau pèse environ 60 kg. Adulte, il peut atteindre de 800 à 1300 kg.*

▲ *Les petites cornes du girafeau commencent à se dresser dès la première semaine. Il les gardera jusqu'à sa mort.*

◀ *La girafe veille attentivement sur son petit qu'elle défend avec rage, si besoin est.*

▼ ▶ *Bientôt, la jeune girafe atteindra une vitesse de 56 km/heure au galop.*

▼ *Il arrive qu'une portée comprenne des jumeaux.*

▲ ▼ *À l'âge adulte, la femelle mesurera 4,30 m en moyenne et le mâle, 5,30 m.*

▼ *À l'âge de seize mois environ, le jeune quitte sa mère.*

▲ *Après un mois, le jeune pluvier guignard prend son envol.*
▸ *Les petits de la grande aigrette savent voler à l'âge de six semaines.*
▼ *Le petit cygne tuberculé est indépendant à l'âge de quatre mois et demi. Mais il a fait ses premiers pas bien avant.*

▼ *Quelques heures après l'éclosion, le jeune courlis cendré suit sa mère hors du nid. A un peu plus d'un mois, il prend son envol.*

Des oiseaux précoces

Comme c'est le cas de certains mammifères, il existe des oiseaux qui naissent nus et complètement démunis. Pour survivre, ils ont besoin des soins que leur dispensent leurs parents. Ils sont cloués au nid et attendent impatiemment la nourriture que ceux-ci voudront bien leur apporter. La plupart des oiseaux chanteurs sont aussi des nidicoles. D'autres oisillons, en revanche, sont beaucoup plus évolués et donc indépendants : ils ne restent dans le nid que quelques heures, ou tout au plus quelques jours. Ils naissent couverts d'un duvet relativement épais et sont capables de marcher et de se nourrir seuls peu après l'éclosion. Dès leur naissance, les canetons, qui voient et entendent, possèdent un plumage conséquent. Ils quittent le nid à la suite de leur mère et nagent aussitôt. Ce sont des poussins nidifuges. Généralement, ces petits se retrouvent seuls avant même d'avoir achevé leur croissance. Faute d'avoir à prendre soin d'eux, les parents s'en détachent rapidement.

Mais certaines espèces sont des intermédiaires entre les plus faibles et les plus costauds. Ainsi les chouettes, les hiboux et les hérons, par exemple, ont un épais duvet à la naissance et les yeux grands ouverts, mais pour se nourrir, ils dépendent de leurs parents jusqu'à ce qu'ils sachent voler.

Les jeunes rapaces, quant à eux, naissent aussi couverts d'un bon duvet, mais sont aveugles durant quelques jours. Ils sortent du nid de cinq à dix jours avant de pouvoir voler et se tiennent sur les branches des arbres proches.

▲ *Peu après l'éclosion, le grand gravelot quitte le nid sous la surveillance étroite de ses parents.*
◂ *Vers l'âge de deux mois, la jeune oie cendrée prend son envol. Mais elle était déjà très indépendante avant.*

La jeune perdrix grise commence à voler vers treize à quatorze jours. Mais elle a déjà exploré les alentours auparavant.

Le petit héron pourpré sort de son nid dix jours après sa naissance pour se promener, mais il y revient.

À proximité du nid

La jeune mouette tridactyle quitte le nid juché à flanc de falaise quelques jours après l'éclosion, mais ne s'en éloigne pas. Ses parents la surveillent et la nourrissent avant qu'elle ne prenne son envol, vers l'âge d'un mois et demi.

Le petit héron cendré reste dans son nid environ un mois, puis en sort pour faire de petites promenades.

Vers l'âge de dix jours, le faisandeau commencera à voler.

À la fin du premier mois, le jeune bécasseau variable sait voler.

Au bout d'un mois, le jeune pluvier doré vole.

Le petit goéland quitte le nid quelques jours après sa naissance, mais reste à proximité.

Une dizaine d'heures après l'éclosion, le caneton quitte le nid pour suivre sa mère, qui le mène à l'eau.

Être transporté

Beaucoup de jeunes animaux se développent dans des nids, mais d'autres sont portés par leur mère dès leur naissance. Certains ont la capacité de marcher après quelques jours, d'autres doivent attendre quelques semaines. Même lorsqu'ils savent se déplacer seuls, certains jeunes continuent pourtant de s'agripper au corps de leur mère ; c'est le cas des singes ou encore des marsupiaux. Car transporter sa progéniture, de quelque manière que ce soit, n'est pas simplement une activité pratique. Ce contact étroit donne au petit un fort sentiment de sécurité et représente souvent pour lui une véritable leçon de choses.

Avant de savoir marcher, le petit singe possède des bras et des mains suffisamment forts pour se pendre au ventre maternel en s'accrochant à ses poils. La jeune chauve-souris enroule ses ailes autour du ventre de sa mère et prend l'une de ses fausses tétines dans sa bouche. C'est ainsi que, bien serrée contre elle, elle part en sa compagnie à la recherche d'insectes. De nombreuses espèces portent leur progéniture sur le dos. Il en va ainsi des singes, lorsque les petits ont un peu grandi, et des fourmiliers d'Amérique du Sud. Le jeune singe entoure de ses bras le dos de sa mère et enroule sa queue autour de la sienne. Quelques oiseaux aquatiques font aussi des séjours sur le dos maternel, mais il s'agit plutôt pour eux de se reposer lorsqu'ils sont fatigués d'avoir trop nagé. Certains animaux inférieurs transportent aussi leurs petits jusqu'à ce qu'ils deviennent assez forts pour se défendre seuls. Ainsi, les nouveau-nés scorpions, grâce à des pattes munies de ventouses, se font porter sur le dos de leur mère pendant une période de trois à quinze jours. Puis ils s'en éloignent provisoirement pour quelques tentatives de chasse et le regagnent ensuite jusqu'à leur complète indépendance.

▲▼ *Le petit koala se laisse transporter dans la poche de sa mère pendant six mois, puis reste cramponné à son dos durant six autres mois.*

▲ *Bien que le père soit présent, c'est la femelle cygne qui porte ses petits sur son dos.*

▶ *Pour se reposer ce petit plongeon imbrin s'installe sur le dos de sa mère.*

▼ *La femelle scorpion peut porter sur son dos jusqu'à vingt jeunes à la fois.*

▲ *C'est par les pieds et les mains que ce petit gorille s'agrippe à sa mère.*

▼ *Dans l'eau, la jeune loutre marine se tient sur le ventre ou le dos maternel.*

▲ *Vers six mois, le petit chimpanzé se tient à califourchon sur le dos de sa mère. Jusqu'à l'âge de deux ans, il effectue ainsi tous ses déplacements importants.*
▼ *Le paresseux passe son temps pendu à un arbre. Le jeune se repose sur la poitrine de sa mère, les bras posés sur ses épaules et ses jambes entourant sa taille.*

▲▼▶ *Comme beaucoup d'autres mammifères, la hyène, le lycaon, le lion et le loup transportent leurs petits dans la gueule. Geste auquel ces derniers s'abandonnent docilement.*

▲ *L'araignée peut porter une dizaines de jeunes.*
◀ *Le petit orang-outan se suspend à la hanche de sa mère tout en s'agrippant aux poils de son ventre.*
▼ *Ce jeune maki catta est accroché solidement au dos de sa mère.*

▲ *Le faon a une robe couverte de taches blanches qui vont pâlir et finir par disparaître.*

▲ *Le marcassin a une livrée rayée très différente de la fourrure de l'adulte.*

▼ ▶ *Le poussin du manchot royal change deux fois de costume avant de devenir adulte. Ses colliers de couleur restent très clairs la première année. Au moment de sa première mue, il change aussi de voix.*

Croître, muer, se métamorphoser

Certains animaux ont une croissance régulière et progressive. Leur corps se transforme tout en restant assez semblable : les os s'étirent, les muscles se fortifient et, plus ou moins rapidement, ils atteignent leur taille adulte. Alors leur développement s'arrête et ils sont capables de procréer à leur tour. Jeunes, ils ressemblaient à leurs parents en miniature. C'est le cas de la plupart des vertébrés. Le girafeau ressemble à sa mère, tout comme l'éléphanteau ou le poulain. D'autres animaux vont voir leur premier pelage disparaître au profit d'un autre, différent. C'est le cas, par exemple, du phoque ou du manchot. D'autres encore doivent subir de véritables mues pour pouvoir croître.

Leur développement peut d'ailleurs se poursuivre jusqu'à leur mort. Les serpents et les lézards grandissent grâce à des mues successives. La carapace des crustacés se fend avant que leur peau ne se durcisse pour former une nouvelle carapace. La crevette change plusieurs fois de forme avant de devenir adulte.

Pour grandir, certaines espèces doivent subir une véritable métamorphose. À la naissance, ces jeunes n'ont aucune ressemblance avec leurs parents.

Le têtard n'a ni les poumons ni les pattes de la grenouille adulte ; les larves de nombreux insectes ne possèdent ni ailes ni pattes, et la chenille est loin d'avoir la beauté du papillon.

▲ *Quand ce jeune grand labbe s'envolera son fin duvet clair sera devenu un plumage brun.*

◀ *Avant la nymphose, le troisième grand stade de la vie du papillon, le grand porte-queue s'accroche à une branche grâce à une ceinture de soie.*

▶ *La larve de la coccinelle va subir quatre mues consécutives.*

▲ *Au moment du sevrage, le jeune phoque du Groenland échange sa belle fourrure blanche contre un pelage gris aux poils plus courts qui changera encore plusieurs fois de couleur.*

▲ *Le cou du petit cygne tuberculé va s'allonger. Ses plumes vont blanchir et son bec sombre deviendra rouge orangé.*

Des mues successives

Pour grandir, le petit scorpion doit se débarrasser d'une cuticule qui recouvre son corps. La première mue a lieu sur le dos de la mère entre un et vingt-huit jours après la naissance. Cinq ou six autres mues suivront à intervalles plus ou moins réguliers.

▲ *Le jeune guépard a une maigre crinière, un dos grisâtre et un abdomen brun sombre. À deux mois, il acquiert sa coloration d'adulte.*

◀ *Cette larve se transformera en la plus grande des cigales.*

◀▼ *Ces larves deviendront de belles libellules.*

▲ *Pour devenir un crapaud, le têtard subit une métamorphose.*

▲ *La chenille a des « yeux » appelés ocelles, de simples taches sensibles à la lumière. (Ici un queue-fourchue.)*

▼ *La chenille (ici de machaon) est dotée d'un cerveau très rudimentaire, un simple ganglion.*

Devenir papillon

La vie d'un papillon se divise en quatre phases : c'est tout d'abord un œuf, puis une chenille qui devient chrysalide et enfin imago, sa forme adulte. La durée de ces cycles varie selon les espèces. Certains s'accomplissent en quelques semaines, d'autres en plusieurs années.

Les papillons pondent souvent plus de 1000 œufs à proximité des plantes dont les chenilles vont se nourrir, mais seul un nombre réduit atteindra la fin du cycle. Les œufs, pondus à l'automne, éclosent vers le printemps, lorsque l'atmosphère se réchauffe. La chenille brise alors sa coquille, parfois avec difficulté, et en émerge la tête la première. À peine sortie, elle se met à manger la coque de l'œuf, qui contient de riches substances utiles à sa croissance. En dépit des apparences, la chenille est très complexe ; c'est un animal à part entière. Elle grandit avec rapidité : sa peau se tend, se craquelle, puis tombe. Une nouvelle, plus large, la remplace. Pour accomplir les transformations qui vont faire naître de ses cellules le papillon, il lui faut de l'oxygène et de la nourriture. Certaines se développent à l'abri des regards, cachées à l'intérieur des feuilles, d'autres effectuent leur croissance au grand jour.

Les chenilles sont très menacées : elles sont la proie des oiseaux qui en nourrissent leurs petits et aussi des mammifères et de quelques insectes. Mais elles possèdent des techniques de défense élaborées : certaines se camouflent, d'autres ingurgitent des plantes vénéneuses qui leur donnent des couleurs vives éloignant les prédateurs, d'autres encore savent se laisser tomber à terre lorsqu'elles se sentent menacées.

Quand elle atteint sa taille définitive, la chenille se fixe sur une tige ou sous une feuille. Sa peau se fend complètement et laisse peu à peu apparaître la chrysalide. Elle restera sous cette forme de quelques semaines à quelques mois avant de devenir papillon.

▼ *De toutes petites antennes la renseignent sur l'environnement proche. (Ici une nymphale de l'arbousier.)*

▲ *Chenille de gâte-bois.*

▼ *Certaines chenilles ressemblent à une branchette, comme celle de ce sphynx demi-paon. Cela leur permet de rester dissimulées.*

◀ ▶ *Sur la tête de la chenille se trouvent des mandibules avec lesquelles elle mastique toutes sortes de plantes. (À gauche une étoilée ; à droite une écaille villageoise).*

◀ ▲ *Grâce à leurs épines hérissées, les chenilles repoussent parfois leurs ennemis. (Ci-dessus un bombyx disparate ; à gauche une étoilée).*

▲ *En grand nombre, les chenilles peuvent provoquer d'importants dégâts : dépouiller par exemple un arbre de ses feuilles. (Ici un sphinx de l'euphorbe.)*

▲ ▼ *Après avoir mangé la coquille de son œuf, la chenille se met à grignoter les feuilles sur lesquelles elle est posée. (Ci-dessus buveuse ; ci-dessous queue-fourchue.)*

▲ ▶ *Après plusieurs mues consécutives, la chenille devient chrysalide. (À droite un grand-paon-de-nuit ; ci-dessus une orgyie pudibonde.)*

▲ *Après trois mois, la métamorphose du têtard est accomplie. Au début de l'été, la petite grenouille verte, qui mesure 1 cm de long, quitte l'eau pour la terre.*

Dans l'eau et sur terre

La vie a commencé dans les mers, et pendant des centaines de millions d'années, les animaux ne connurent que l'eau. Certains y sont restés et n'ont jamais foulé la terre ferme. C'est le cas des poissons, de quelques insectes, comme les notonectes, ou encore de quelques formes inférieures de vie, tels les mollusques, les méduses ou les crustacés. Mais d'autres sont sortis des océans pour coloniser les terres. Depuis, quelques-uns mènent une double existence. La plupart des vertébrés qui fréquentent l'eau s'aventurent aussi sur la terre. Les mammifères marins partagent inégalement leur temps entre les éléments solide et liquide. Mais ils sont beaucoup plus agiles dans l'eau. Les baleines, quant à elles, ne quittent évidemment jamais la mer, tout comme les vaches marines, représentées par les dugongs et les lamantins. Cette vie double les fait revenir dans l'eau pour procréer ou en sortir pour les mêmes raisons. Les pingouins, les albatros, les manchots, les crocodiles et les tortues viennent pondre leurs œufs sur le sol. En effet, il n'est pas facile de couver dans l'eau.

Un certain nombre d'oiseaux, comme les cygnes, les fous ou les mouettes fréquentent à la fois l'eau et la terre.

Quelques petits naissent en sachant déjà nager, mais d'autres ont besoin de leurs parents pour quitter la terre ferme.

Le petit phoque doit se plonger très vite dans l'océan glacé pour y trouver de quoi se nourrir, tandis que le jeune hippopotame a besoin de rafraîchir sa peau fragile dans l'eau, qui va le protéger du soleil brûlant. La jeune loutre, quant à elle, ne consent à plonger que si sa mère l'y oblige. Ce qu'elle fait lorsque son petit a environ un mois et que sa fourrure ventrale est devenue assez imperméable.

◀ *Le petit manchot papou évolue sur terre sans difficulté. Mais dans l'eau, il est aussi à l'aise qu'un poisson.*
▼ ▶ *Ces jeunes lions de mer des Galápagos se déplacent facilement sur terre.*

▲ *Après sa métamorphose, la salamandre quitte l'eau.*
◀ *Le petit triton passe les premiers temps de sa vie dans l'eau. Une fois sa transformation accomplie, il gagne la terre ferme.*

▼ *Une fois sortie de l'œuf, la jeune tortue marine s'élance sur le sable pour gagner la mer. Elle reviendra sur la terre ferme un an plus tard.*

▲◀ *Après un mois passé sur la terre ferme, le jeune éléphant de la mer du Nord gagne la mer. Bientôt, il y fera des séjours prolongés en profondeur.*

Tétée aquatique

La femelle hippopotame possède deux mamelles placées très bas. Ainsi, lorsqu'elle est immergée, son petit tète sous l'eau en retenant sa respiration. Il fait surface de temps en temps pour respirer.

◀ *Bientôt, la petite mouette tridactyle plongera comme ses parents pour aller pêcher des poissons.*

▲ *Le jeune hippopotame sait nager avant de savoir marcher.*

◀ *À la naissance, la mère crocodile prend son petit dans sa gueule ou bien le transporte sur sa tête ou sur son dos pour le mener du nid terrestre à l'eau.*

▲ *La jeune grenouille ne s'éloigne pas beaucoup de l'eau, car elle doit garder la peau humide.*

◀ *Ce jeune alligator pourra bientôt rester immergé pendant plus de cinq heures.*

▸ *Le nom de blanchon provient de l'épaisse fourrure blanche du petit phoque. Celui-ci mue à partir de la deuxième semaine.*

▲ ▼ *Les premières semaines, le petit phoque ne sait pas nager. S'il tombe à l'eau, il se noie. Mais il devient très vite un habile nageur.*

▲ *La belle fourrure du phoque a entraîné son massacre. Heureusement, la chasse a pratiquement pris fin.*

▼ *La mère ne donne naissance qu'à un petit par portée, après une gestation de dix à onze mois.*

Le phoque du Groenland

Lorsqu'elle sent approcher la naissance de son petit, la femelle se met à la recherche d'un endroit où la banquise est suffisamment épaisse. De la glace trop fine risquerait en effet de mettre en danger la vie du nouveau-né. Il vient au monde sur la glace, bien développé, avec une toison blanche et drue. Il reste étendu sur la banquise pendant une dizaine de jours, occupé à dormir ou à téter.

Pour affronter le froid glacial, il lui faut prendre des forces très rapidement. Ce qu'il fait en se constituant des réserves de graisse, grâce au lait particulièrement riche de sa mère. Celle-ci, en revanche, maigrit beaucoup, car elle cesse de s'alimenter durant toute la phase de l'allaitement. Le blanchon s'arrondit très vite. À deux semaines, il pèse plus de 30 kilos, et sa fourrure devient de plus en plus blanche.

Au terme de cette période, sa mère l'abandonne brusquement à son sort, pour rejoindre le groupe des adultes. Désespérés, les petits se serrent alors les uns contre les autres en poussant des cris déchirants durant quelques jours. Une fois calmé, le petit phoque entre dans une période de jeûne et d'attente. À la fin de la deuxième semaine, la mue le débarrasse de sa fourrure immaculée. Lorsqu'il décide, une fois ce processus terminé, de gagner l'eau pour s'alimenter, il a parfois perdu plus de 15 kilos. Pour rejoindre la mer, il se tortille laborieusement. Sa nage est encore malhabile : incapable de se maintenir sous l'eau, il attrape de petits crustacés à la surface. Pourtant, plus tard, il se déplacera avec beaucoup d'agilité grâce à son corps fuselé et à ses pattes arrière palmées.

À un an, il se jette à l'eau pour un long voyage. Il va remonter vers le nord, solitaire. Après un périple de 3 000 kilomètres, qui dure plus de deux mois et demi, il retrouvera la communauté des adultes.

▲ *Plus de 50 % des jeunes phoques ne parviennent pas à l'âge adulte.*

▲ *Le phoque est capable d'atteindre une vitesse de 2 km/h sur la glace.*

▶ *Au terme de l'allaitement, s'est formée sous la peau une épaisse couche de graisse qui protège le petit phoque du froid.*

▼ *À sa naissance, le petit phoque mesure environ 80 cm et pèse une douzaine de kilos. Il grossit en moyenne de 2,5 kg par jour pendant la période d'allaitement, qui dure une dizaine de jours en moyenne.*

▲ *Les yeux du nouveau-né restent bleus pendant trois ou quatre jours puis deviennent bruns.*

▼ *La mère reconnaît son petit en le reniflant.*

▶ ▼ *Au début de sa vie active, le jeune phoque ne mange que des crabes et des mollusques. Plus tard, il avalera plus de 5 kg de poissons par jour.*

Des animaux en danger

▲▼ *Comme d'autres petits animaux, les hérissons et les koalas sont régulièrement heurtés par les voitures.*

▶ *La carapace encore molle de la jeune tortue d'Hermann fait d'elle une proie facile pour les serpents, les fouines et les rats. Lorsqu'elle n'est pas victime des incendies du midi de la France.*

Un certain nombre d'espèces animales ont disparu à cause de cataclysmes naturels. D'autres se sont éteintes lentement faute d'avoir pu s'adapter aux changements de leur milieu. Mais depuis le Moyen Âge, ce phénomène s'est accéléré. En trois siècles, plus de quatre cents espèces ont cessé d'exister en raison des modifications importantes de l'environnement et d'une chasse excessive.

Dans chaque milieu naturel existe une multitude de chaînes alimentaires : les animaux sont à la fois des proies et des prédateurs. Les jeunes sont évidemment des victimes faciles, mais bien d'autres menaces planent. Pour gagner de l'espace, les hommes détruisent la forêt tropicale. La disparition de la végétation et des abris naturels signifie la perte de milliers d'animaux. Où donc la femelle trouvera-t-elle les fruits et feuilles nécessaires pour se nourrir et alimenter son petit ? La destruction des marais et marécages entraîne la disparition de communautés entières d'alligators, de lamantins et d'oiseaux aquatiques. Les déchets chimiques ou radioactifs polluent l'air, la terre et les eaux et s'accumulent à petites doses dans le corps des animaux, les empoisonnant lentement mais sûrement. Le DDT, puissant insecticide, a eu pour effet de modifier la coquille des œufs d'oiseaux. Devenus très fragiles, ils se brisent dans le nid.

C'est ainsi que la population des pélicans bruns des côtes sud d'Amérique a été considérablement réduite, empoisonnée par des poissons contaminés par le DDT.

Par ailleurs, on continue à chasser des espèces menacées pour fabriquer des produits de luxe : fourrures, maroquinerie, mets rares et exotiques... Pour satisfaire touristes ou collectionneurs, des braconniers partent encore à la recherche d'œufs, de plumes rares, etc. Mais heureusement, les pays ont adopté des lois, pris des dispositions de protection. Beaucoup d'espaces protégés ont été créés. Dans les zoos, de nombreux animaux se reproduisent et élèvent leurs petits avant qu'ils ne soient, pour certains, réintroduits dans leur environnement naturel.

▶ *Le lion est un danger pour cet éléphanteau.*

◀▼ *En traversant les routes, les faons et les marcassins sont souvent victimes des automobilistes.*

◀ En dépit de la législation, des troupeaux entiers d'éléphants, jeunes et adultes, se font massacrer pour l'ivoire de leurs défenses par des gangs armés. Beaucoup d'éléphanteaux se retrouvent orphelins.

▼ Les jeunes rapaces (ici busard des roseaux) se heurtent parfois aux lignes à haute tension et meurent électrocutés.

◀ Les gorilles sont victimes du déboisement et ont été massacrés par les braconniers.

▲ Après avoir été gravement menacé pour sa peau, dont on fait des articles en cuir, l'alligator fait un retour en force. Grâce à une loi votée dans les années 70, il se reproduit dorénavant sans souci.

▲ ▶ La fourrure du renard est malheureusement très appréciée, comme celle de la panthère chassée jusqu'en 1960.

◀ Les feux de forêts représentent une vraie menace pour les cigales.

▲ De nombreuses espèces de faucons (ici des faucons crécerelle) sont menacées. Ces rapaces se nourrissent de rongeurs qui mangent des céréales chargées en pesticides, qui provoquent leur stérilité.

◀ La destruction de la végétation aquatique est une menace pour les lamantins.

La corne du rhinocéros

▲▼ *La femelle n'a qu'un seul petit par portée, après une gestation de dix-sept à dix-huit mois.*

Le petit rhinocéros d'Afrique vient au monde les yeux grands ouverts et se tient debout à peine une heure après sa naissance. Sa peau est dépourvue de poils et il ne possède pas encore les précieuses cornes qui font aussi son malheur. Celles-ci ne pousseront véritablement qu'après le sevrage. À mesure qu'il grandit, celle de devant s'incline vers l'arrière et devient de plus en plus pointue. Les premiers jours, par prudence, mère et jeune demeurent cachés dans la végétation. Puis, tous deux partent faire le tour du territoire, le petit guidé par la corne maternelle. Très proche de sa mère, le jeune rhinocéros la suivra partout pendant plusieurs années et ne la quittera que lorsqu'elle mettra au monde un nouveau petit.

Elle le défend contre tous les dangers, s'interpose sans hésiter entre lui et les éventuels prédateurs. De toute façon, elle a l'habitude de charger furieusement au moindre bruit suspect. Mais ce ne sont pas les autres animaux qui représentent pour le jeune rhinocéros et sa mère la plus grande des menaces. Ni le manque de nourriture. Dès que les cornes de l'animal se seront suffisamment développées, l'homme se mettra à sa poursuite. Car il prête malheureusement à ces protubérances des vertus aphrodisiaques. Il les réduit en poudre ou en fait, pour satisfaire son goût, des poignards d'apparat. Victimes d'une chasse intensive, deux des trois espèces de rhinocéros asiatiques ont pratiquement disparu. Bien que dorénavant protégées, les espèces africaines ne sont pas pour autant à l'abri. Par ailleurs, le rhinocéros n'est pas très prolifique : il ne se reproduit que tous les trois ans.

Un oiseau, le pique-bœuf, l'accompagne en permanence dans tous ses déplacements et le débarrasse de ses parasites. Sentinelle vigilante, il le prévient au moindre événement inhabituel. Si un homme s'approche, l'oiseau manifeste une grande inquiétude, que le rhinocéros comprend immédiatement.

◀ *Le jeune boit au moins 20 l de lait par jour, ce qui le fait grandir très vite. À sa naissance, il mesure 1 m de long et pèse environ 40 kg.*

▶ *Le petit se nourrit de feuilles, d'herbe et de branchages, bien qu'il tète encore sa mère.*

▼ *Il deviendra un animal irritable, capable de charger à la moindre alerte.*

▼ *Le jeune rhinocéros sera sevré à l'âge de deux ans.*

▲▼ Adulte, ce petit rhinocéros blanc pèsera jusqu'à 3,5 t.

▲▼ Le petit ne s'éloigne guère de sa mère pendant deux ans au moins.

▲ La peau du jeune rhinocéros fonce lorsqu'il grandit.

▲▼ La mère et son petit circulent plutôt après le coucher du soleil. La journée, ils se reposent à l'ombre d'un arbre.

Une boue protectrice

Le rhinocéros a besoin de boire régulièrement, c'est pour cette raison qu'il se tient souvent à proximité des points d'eau. Une fois par jour, il se roule dans la boue. Sèche, elle forme une carapace qui le protège des insectes. Les jeunes raffolent particulièrement de ces bains de boue.

◀ Coupée ou cassée, la corne du rhinocéros repousse, mais avec une forme différente. Grâce à elle, l'animal peut donner de redoutables coups.

L'apprentissage, le jeu

▲ *Le caneton reconnaît spontanément son ennemi : il file dans l'eau à la vue du renard.*

▶ *Le poussin s'accroupit, effrayé, chaque fois que quelque chose passe au-dessus de sa tête. Il le fait instinctivement. L'expérience lui apprendra à ne plus avoir peur.*

▼ *Le petit choucas attaque spontanément tout être vivant vêtu de noir. Des congénères plus âgés lui apprendront à reconnaître le rapace qui est son véritable ennemi.*

Recevoir et acquérir

Lorsqu'un chaton vient au monde, il se dirige aussitôt vers les mamelles de sa mère pour téter. Elle lui vient à peine en aide : ce premier geste est instinctif. Plus tard, il apprendra à manger des aliments solides.

De nombreux animaux sauvages n'ont jamais vu leurs parents, certains n'ont même jamais été en contact avec d'autres individus de leur espèce. Et pourtant, ils se comportent spontanément comme eux. Dans leur patrimoine génétique, les animaux reçoivent, en héritage des générations précédentes, un certain nombre d'informations et de traits spécifiques qu'ils transmettront à leur tour aux générations suivantes. Cependant, pour devenir un adulte accompli, le petit a besoin d'en passer par l'apprentissage de la vie. À sa naissance, un lapereau ignore qu'il doit échapper au renard. C'est en situation qu'il l'apprendra, parfois à ses dépens. L'expérience et l'imitation des adultes viendront compléter et enrichir les réflexes du jeune animal. Il observe et tire aussi profit des diverses épreuves qu'il traverse : il commet des erreurs, se les remémore, résout de nouveaux problèmes et ainsi progresse. Car la plupart des animaux ont la capacité de modifier leur comportement : les épreuves stimulent leur intelligence.

Le jeune ne se contente pas d'imiter ou d'expérimenter, il reçoit parfois de véritables leçons de ses parents. Un singe peut, par exemple, encourager sa progéniture à préférer un aliment plutôt qu'un autre.

Quoi qu'il en soit, de ses propres dispositions héréditaires dépend pour beaucoup sa faculté d'apprendre : aucune leçon ne pourra jamais faire voler un éléphant !

Les expériences de l'enfance ont donc une grande importance. Elles déterminent les futurs comportements de l'animal. Sa survie en dépend souvent.

▶ *Seul, le jeune agneau risque de manger des herbes toxiques, faute de pouvoir imiter les agneaux plus expérimentés.*

◀ ▼ *Imo, une jeune femelle macaque avait pris l'habitude de laver dans la mer des patates douces, dont elle se nourrissait, pour les débarrasser de leur sable. Par la suite, tous ses compagnons ont fait de même.*

▶ *Le chant d'un jeune pinson élevé en solitaire reste incomplet.*

▲ ▼ *Il faut un peu de temps pour que le petit écureuil apprenne à ouvrir une noisette, mais sa capacité à ronger est innée.*

▼ *Le poulain explore, sent, touche, goûte. Il apprend de la sorte ce qui est bon pour lui.*

▲ ▼ *Le petit goéland donne instinctivement des coups de bec sur une tache rouge située sous le bec de sa mère afin qu'elle régurgite la nourriture.*

▼ ▶ *Le renardeau, tout comme le jeune tigre, vont acquérir des techniques de chasse spécifiques par le jeu, l'imitation, etc. Mais à leur naissance, ils sont déjà dotés d'un instinct de chasse propre à leur espèce.*

▲ *Ce jeune chimpanzé sera bientôt capable de mémoriser plus de 160 signes utilisés par les sourds.*

▶ *Si ce petit crapaud, qui aime beaucoup les insectes, se fait piquer par un bourdon, il gardera la douleur en mémoire et évitera à l'avenir d'en attraper.*

▲ *En raison de sa longévité, le gorille emmagasinera beaucoup d'informations.*

Apprendre et mémoriser

Les animaux nouveau-nés ont tout à découvrir. Dès qu'ils sont en mesure de quitter le terrier ou le nid, ils se mettent à explorer avec curiosité et application ce qui les entoure. Chaque chose se grave dans leur mémoire. Car les animaux possèdent une mémoire, même si, comparée à celle des hommes, elle est plus limitée et infiniment moins complexe. Lorsqu'il expérimente une situation inédite, le jeune animal retient, à chaque essai, le résultat de ses différentes tentatives, les effets qu'ont produit ses diverses attitudes. Plus tard, ces informations lui serviront à trouver de la nourriture, à résoudre de nouveaux problèmes, à échapper à un prédateur ou à dénicher un abri. Sans mémoire, tout ce qu'il apprend ne pourrait être stocké dans son cerveau et donc serait aussitôt oublié. Le jeune apprend aussi comment à se comporter à l'égard de ses congénères et avec des animaux d'espèces différentes. Dans les groupes, chacun participe à l'éducation. La longévité de l'animal joue un rôle important dans sa capacité d'apprentissage et de mémorisation. Mis en présence de plusieurs générations, le gorille, qui peut atteindre l'âge de soixante ans, apprendra davantage qu'un autre animal. Les plus vieux transmettent aux plus jeunes leur savoir-faire. La jeune gerboise de Mongolie reste auprès de ses parents pour les aider lors de la portée suivante. À leurs côtés, elle apprend à construire un nid, à prendre soin des petits et à les élever. De ce rôle d'assistante dépend la qualité de sa future mission de mère.

◀◀ *Le jeune surmulot, tout comme le souriceau, goûtent toujours avec précaution une nourriture inconnue. Si elle les rend malades, ils s'en souviendront et n'y toucheront jamais plus.*

▶ *Le mélange des générations dans le groupe permet à l'éléphant de se constituer une mémoire... d'éléphant.*

La plupart des animaux, comme cette jeune panthère ou ce petit rhinocéros devront apprendre à mémoriser la topographie de leur territoire.

Un jeune rossignol ayant entendu le chant d'une fauvette le gardera longtemps en mémoire.

La tortue franche garde en mémoire le lieu où elle s'est rendue pour pondre. Tous les deux ou trois ans, elle refera ce parcours long de milliers de kilomètres.

Chaque année, l'hirondelle de cheminée retrouve le nid qu'elle occupait l'année précédente.

Les oiseaux de proie, tel cet aigle royal, reviennent régulièrement là où ils ont fait de bonnes prises.

En compagnie de leurs aînés, les jeunes oies et les jeunes cygnes apprennent à se remémorer la route de leur migration annuelle.

▶ *Le petit chimpanzé deviendra le plus intelligent et le plus sociable des animaux.*

▲ ▼ *Dès son plus jeune âge, le chimpanzé a des mimiques qui renseignent sans ambiguïté sur ses états d'âme.*

Le long apprentissage du petit chimpanzé

Le chimpanzé naît aveugle, sans poils et si faible qu'il a à peine la force de s'agripper à la fourrure de sa mère. Elle compensera cette fragilité en prenant soin de son petit pendant de longues années, bien au-delà de sa période de vulnérabilité. Jusqu'à l'âge de trois ans, le jeune partagera son nid, juché dans les arbres. Et elle continuera à l'allaiter très longtemps, des années parfois, alors qu'il se nourrit déjà des mêmes aliments qu'elle. Elle déploiera une attention sans faille et veillera, notamment, à ce que les autres adultes du groupe, fascinés par les petits, résistent à la tentation de toucher le sien ou même de le lui enlever !

Au début, le petit ne fait qu'un avec sa mère, qui le garde étroitement serré contre sa poitrine. Il l'accompagne dans toutes ses activités. Ensemble, ils se lèvent à l'aube et partent à la recherche de nourriture. Elle apprécie les fruits, les feuilles, les œufs, les insectes, la banane étant son mets de prédilection. Quand son petit pourra ingurgiter des aliments solides, elle partagera avec lui tout ce dont elle se nourrit. Quelques mois plus tard, il sera suffisamment fort pour se tenir à califourchon sur son dos. C'est à ce moment-là qu'il commence à s'intéresser vraiment au monde extérieur, à inspecter tout ce qui l'entoure.

Mais auparavant, il n'aura eu de cesse que de jouer : fausses bagarres, poursuites, chatouillements, mordillements... Avec sa mère, puis avec les autres jeunes ou avec des adultes du groupe. Des amitiés se tissent, qui, pour certaines, pourront durer toute une vie.

Le petit chimpanzé aura une très longue enfance, mais, brusquement, les liens maternels se déferont : le jeune aura alors atteint l'âge de treize ans.

◀ ▶ *Le jeune chimpanzé reste proche de sa mère pendant des années.*

◀ *Ce petit chimpanzé a l'air sceptique.*

Il s'amuse à reproduire les gestes des autres, c'est un grand imitateur.

Le jeune chimpanzé utilise des tiges pour pêcher les termites au fond de leur trou. Il apprend cette technique en imitant ses parents.

Le jeune chimpanzé est déjà un bon grimpeur, mais il vit pourtant beaucoup sur le sol.

Le petit explore, expérimente et s'intéresse à toutes sortes d'objets.

L'épouillage est un geste de communication essentiel. Il peut exprimer l'amitié, la tendresse. C'est parfois une tactique de diversion qu'utilise la mère pour empêcher son petit de faire une bêtise.

En jouant, le petit chimpanzé découvre la vie, trouve sa place dans le groupe. S'il est privé de cette activité essentielle, il en souffrira à l'âge adulte.

▲ *Le jeune busard des roseaux s'exerce à attraper des rongeurs, des couleuvres et des oiseaux comme les mouettes.*

▼ *Le louveteau apprendra à tendre des embuscades et à coopérer avec les autres membres de la meute.*

Chasser

Les jeunes animaux carnivores, poussés par leur instinct, commencent très tôt à mimer des attitudes de chasse. Mais c'est en regardant leur mère agir que la plupart des petits vertébrés s'initient vraiment. L'apprentissage est parfois long, mais certains deviendront de redoutables chasseurs. Ils ne tueront jamais pour le simple plaisir, mais dans le but de se nourrir.

Chaque espèce possède ses propres armes naturelles, plus ou moins élaborées. En fonction de ses prédispositions, l'animal développera des techniques spécifiques. Sa mère lui enseignera comment construire des pièges, se dissimuler, guetter, s'élancer dans de folles poursuites, se regrouper pour augmenter les forces, saisir une proie au vol, pêcher... Ainsi, le petit jaguar apprendra à attirer les poissons en agitant le bout de sa queue dans l'eau, le petit crocodile à se tapir dans le lit des rivières en attendant que la gazelle vienne y boire, la petite belette à s'avancer, silencieuse, et à bondir au dernier moment pour planter ses dents dans la nuque de sa victime. De son côté, la jeune araignée découvrira comment fabriquer des pièges sophistiqués pendant que la guêpe fouisseuse constatera que pour tuer une abeille, il faut la piquer sous le « menton ».

Après la phase d'observation, vient celle de l'expérimentation. À ce stade, les petits s'exercent, tout en jouant, à mesurer les limites de leur force et les effets de leurs mouvements. Puis leur mère les fait enfin participer à la chasse. Il n'est pas rare qu'elle leur donne un coup de main en empêchant, par exemple, la victime désignée de fuir.

◀ ▼ *La petite hyène s'entraînera à chasser en clan, chacun étant dirigé par une femelle.*

▲ *Les dents de l'otarie, recourbées en arrière, empêchent le poisson de s'échapper. Ses longues vibrisses lui permettent de détecter les animaux.*

▼ *Pour exercer son petit, le renard lui présente une proie qu'il tient dans sa gueule, tout en l'empêchant de la saisir. Puis il lui apprendra à ruser pour attraper des rongeurs, des lapins et des oiseaux.*

Le petit suricate s'entraîne à chasser des lézards, des serpents ou encore de petits mammifères. Il s'assoit souvent pour observer une proie.

Ce petit ours brun a appris comment faire jaillir d'un coup de patte les saumons des torrents. Il les saisit ensuite directement entre ses dents.

Les petits lycaons sauront isoler une proie en la poursuivant et en se relayant sur des kilomètres.

Lionceaux à la chasse

Vers l'âge de quatorze semaines, les lionceaux suivent leur mère à la chasse. Ils observent. À un an, ils sont au fait des diverses techniques : traque, manœuvre de flanc... et sont capables de rabattre les proies. Mais ils attendront encore près d'un an avant de capturer et de tuer eux-mêmes.

Les jeunes chacals apprennent à collaborer pour s'attaquer aux proies importantes.

▲ *Sous l'œil de leur mère, ces jeunes guépards font l'apprentissage de la chasse.*

Le guépard, champion de vitesse

Lorsqu'il vient au monde, après une gestation d'environ trois mois, le bébé guépard ne pèse pas plus de 300 grammes. Il est en général accompagné de deux ou trois frères et sœurs. Aveugle et sans défense, il dépend entièrement des soins de sa mère, qui l'élève toute seule avec un zèle remarquable. Plus tard, s'il a survécu à ses prédateurs, il deviendra un puissant et redoutable chasseur.

Au bout d'une dizaine de jours, ses yeux s'ouvrent et, après trois semaines, il se déplace avec davantage d'assurance. Mais lorsqu'il fait mine de s'éloigner de la tanière familiale, sa mère le rattrape par la peau du cou pour l'y ramener. Elle ne le laissera sortir, pour jouer, que lorsqu'il aura atteint l'âge de deux mois, quelques semaines avant son sevrage.

Une cape grise enveloppe alors sa tête et ses épaules. Cette crinière de poils gris disparaît après dix semaines et laisse place à son pelage adulte. C'est à ce moment-là qu'il perd la faculté de rétracter complètement ses griffes, contrairement aux autres félins.

Vers l'âge de six mois, sa mère commence à l'initier à la chasse. Il la regarde faire. Une femelle qui a besoin de nourrir ses petits part chaque jour à la recherche de chair fraîche car les guépards ne sont pas des charognards.

Le jeune reste longtemps près de sa mère ; il ne la quittera pas avant dix-sept mois au moins. Frères et sœurs d'une même portée, devenus indépendants, chassent ensemble et se partagent les mêmes proies un certain temps. Puis les jeunes femelles quittent le groupe pour vivre seules et se reproduire à leur tour.

Guépards à la chasse : la victime est désignée. *C'est une petite gazelle de Thomson. Généralement, la femelle aide ses petits à chasser en barrant la route à l'animal afin qu'ils puissent l'attraper plus facilement.*

Les petits apprennent à chasser. *Auparavant, ils auront attentivement observé leur mère. En présence d'une proie, elle leur a intimé l'ordre de se coucher en silence, par un grognement spécifique. Ils l'ont vue s'approcher avec précaution, bondir et, d'un coup de patte à la griffe tranchante, faire tomber l'animal avant de le tuer en le saisissant à la gorge.*

Le festin va commencer. *Pourvue d'une mâchoire suffisamment puissante pour traîner de grosses proies, la mère transporte la gazelle à l'abri d'autres prédateurs possibles. Une fois en sécurité, c'est elle la première qui entame le festin. Ses petits doivent attendre qu'elle leur donne la permission de déguster ce trophée de chasse.*

Jouer

▲ *Ces deux marcassins s'amusent.*
▼ *Le jeu de ces deux renardeaux roux ressemble déjà à une partie de chasse.*

Lorsqu'ils ne mangent pas ou ne dorment pas, les jeunes mammifères passent leur temps à jouer, ce qui est aussi une manière de faire l'apprentissage de la vie. Les petits d'une même portée s'amusent entre eux ou avec leurs parents. Les loutres adorent faire en famille des culbutes et des glissades sur des pentes boueuses. Dès l'âge de quatre mois, les jeunes dauphins s'éloignent de leur mère et se mettent à jouer avec les autres membres du groupe.

Même si le jeu représente une détente, il n'est pas un simple amusement. C'est une prise de conscience de l'existence des autres animaux. En se bousculant, en se livrant à d'amicales bagarres, les jeunes mesurent la place que chacun occupe dans le groupe. Ils réalisent la force de certains et la relative faiblesse des autres. Ils apprennent ainsi les règles de savoir-vivre, le respect des limites...

Comme d'autres, les chatons passent beaucoup de temps à jouer ensemble. Ils se mordillent, se bousculent, s'avancent le dos arqué, la queue dressée, mimant de faux combats. En fait, ils s'initient, d'abord avec maladresse, puis avec de plus en plus d'assurance, aux techniques de la chasse. Ils utilisent diverses tactiques – sauter, surprendre, griffer... – dont ils se serviront plus tard pour attraper des souris. Car le jeu est en grande partie une préfiguration de la chasse.

Les petits ours blancs adorent jouer. Dressés sur leurs pattes arrière, ils se livrent à des ébats qui leur permettent, entre autres, de développer leurs réflexes. Ils ne se font jamais mal, et une fois adultes, ils conserveront leur goût immodéré pour cette danse ludique.

▲▼ *Ces jeunes ours bruns se livrent à un corps à corps amical. Ils n'utilisent ni leurs griffes ni leurs dents.*

▲ *Ce petit hamadryas s'apprête peut-être à faire une culbute.*
▼▶ *Les éléphanteaux jouent sous l'œil attentif des adultes.*

▼ *Ce jeune ours polaire taquine sa mère.*

▲▼ *Les petits orangs-outans adorent se suspendre.*

▲ *Ce jeune guépard joue affectueusement avec sa mère.*

▲▶▼▶ *Comme tous les jeunes félins, les lionceaux adorent jouer. Ils se bousculent, se sautent dessus, roulent les uns sur les autres, grimpent aux arbres : des scènes qui en annoncent d'autres, plus cruelles.*

Drôles de bébés

Si proches, si lointains, les animaux nous fascinent. Les hommes ont tenté de sonder leur intelligence, de saisir leur comportement. Ils ont aussi beaucoup joué avec eux en les métamorphosant. Ils ont inventé des êtres composites, imaginé des monstres fabuleux, des chimères, des dragons, des hydres… Ces bêtes extravagantes peuplaient déjà la mythologie antique et ont eu leur heure de gloire dans les bestiaires du Moyen Âge. Pourtant, il suffit sans doute de regarder, pas très loin de soi, pour apercevoir des spécimens à l'allure étrange, aux traits bizarres, aux formes excentriques. Nous sommes habitués au cou démesuré de la girafe, à la trompe immense de l'éléphant, à la tête en forme de tube du tamanoir ou encore à la face écrasée du dugong, sans doute à l'origine de la légende des sirènes. Ces animaux sont bien réels, tout en étant assez proches de créatures surnaturelles.

L'inachèvement des jeunes animaux confère sans doute à certains d'entre eux un caractère encore plus insolite. On les croirait tout droit sortis d'une bande dessinée ou d'un film fantastique. De même, il arrive qu'une absence congénitale de pigment en fasse des albinos, des animaux quasiment blancs. Ils sont alors bien différents de leurs parents, un peu comme leur double fantomatique.

▲ *Jeune zèbre albinos.*

▼ *Petit criquet pèlerin albinos*

▲ *Chenille grand paon de nuit.*

▲ *Faon albinos.*

▼ *Petite autruche albinos.*

▶ *Lapereau de garenne albinos.*

▼ *Petit tigre albinos.*

▶ *Ourson albinos.*

▼ *Jeune crocodile du Nil albinos.*

▲ Caméléon léopard.

▼ Geiko léopard.

▼ Salamandre.

▲ Triton palmé.

▼ Coccinelle.

▲ Syrphe.

◀ Chenille porte-queue américaine.

▶ Pieuvre commune.

La vie en famille

Des mères protectrices

En cas de danger, certains jeunes poissons cichlidés viennent se réfugier dans la bouche maternelle. De leur côté, les jeunes homards se cachent sous le ventre de leur mère. Mais ce sont essentiellement les animaux supérieurs qui peuvent trouver auprès de leurs parents un abri protecteur. Ce rôle est d'ailleurs le plus souvent tenu par la femelle. En effet, l'importance du père est la plupart du temps réduite, quand il ne s'en est pas allé juste après l'accouplement.
De cette tâche, la mère s'acquitte d'ailleurs fort bien, à condition qu'elle ait été elle-même correctement prise en charge lors de sa prime jeunesse. Son instinct maternel se déclenche automatiquement dès qu'elle perçoit la présence de son nouveau-né. Chez les mammifères, ce lien est d'autant plus fort que la mère donne à sa progéniture son propre lait.
Au début, elle passe le plus clair de son temps à lui prodiguer des soins. Le nouveau-né dépend entièrement d'elle pour son alimentation et sa protection. C'est particulièrement le cas des petits primates, que la mère transporte partout avec elle durant les premiers mois. Les animaux moins démunis à la naissance, tels les antilopes, les girafes, les éléphants… ont droit eux aussi aux mêmes attentions.
Selon les espèces, les jeunes demeurent plus ou moins longtemps dans le giron maternel. La majorité des rongeurs s'en va aussitôt sevrée. Les carnivores, quant à eux, restent un temps beaucoup plus long : ils doivent apprendre à chasser. Mais la mère ne fait pas que transmettre son expérience, elle rassure et donne de l'affection. Des expériences menées chez les singes ont montré qu'en cas de danger, privé de sa propre mère, le jeune choisit plus volontiers une mère protectrice que nourricière. Un beau jour, le petit doit s'émanciper. Et c'est aussi sa mère, par des gestes parfois un peu brutaux, qui l'encourage à le faire.

▲ ▼ *Entre la poche ventrale et le dos de sa mère, le petit koala passe de longs mois sous la protection maternelle.*

◀ *Ce petit macaque du Japon est tendrement blotti dans les bras de sa mère.*

▲ *Le kangourou ne sort de la poche maternelle qu'au bout de huit mois. Il revient alors s'y blottir au moindre danger.*

◀ *La tigresse est capable de tuer tout animal s'approchant de ses petits.*

▶ *L'ours brun prend grand soin de son petit et ne le laisse sortir de la tanière qu'au bout de trois mois.*

L'éléphante est une mère très attentive et affectueuse. Elle prend soin de son petit pendant près de quatre ans.

La lionne dispense beaucoup de soins à ses lionceaux en bas âge. Elle les déplace souvent dans sa gueule afin de les mettre à l'abri des prédateurs possibles.

La femelle orang-outan s'occupe attentivement de son petit pendant de longues années.

Les premières semaines de l'allaitement, la mère lynx demeure dans sa tanière en permanence, sans se nourrir. Elle continuera à prendre soin de ses petits pendant quelques mois.

La renarde reste deux semaines sans sortir de sa tanière pour allaiter ses petits. Elle continuera ensuite à être une mère attentive.

La petite loutre reste sous la protection de sa mère jusqu'à l'âge de neuf mois environ.

Pendant un mois, la femelle éléphant de mer ne quitte pas son petit, qu'elle défend contre les autres adultes.

Les jeunes singes ont une relation très privilégiée avec leur mère. Ils passent les premiers mois de leur existence blottis contre son ventre, puis juchés sur son dos. Privés de ce contact très étroit, ils ne pourraient se développer correctement. (Ici, des singes verts.)

La mère cachalot allaite son petit jusqu'à ce qu'il ait deux ans.

L'ours polaire

Le jeune ours blanc deviendra le plus grand prédateur de l'Arctique, le prince de la banquise. Pourtant, il naît absolument sans défense, ce qui le rend dépendant de sa mère durant de longs mois.

Vers le début de l'automne, celle-ci se retire dans un trou qu'elle a creusé à 2 ou 3 mètres sous la neige. Elle hiberne. C'est là qu'elle va mettre bas ses petits, tandis que le mâle émigre vers le sud. Auparavant, elle a accumulé une quantité de graisse suffisante pour lui permettre de passer l'hiver sans s'alimenter. Aux alentours du mois de décembre, elle donne naissance à un ou deux petits, dont elle va prendre soin avec une attention remarquable.

Elle les nourrit d'un lait très riche qui les fait grossir rapidement. Les réserves qu'elle a accumulées lui permettent d'être constamment présente.

À sept semaines, ses petits commencent à marcher. Plus tard, ils deviendront des nageurs infatigables et d'excellents plongeurs. Plus à l'aise dans l'eau, ils pourront néanmoins atteindre une grande vitesse sur la terre ferme, et sur la glace glisser avec une rapidité étonnante.

Avant qu'ils mettent le nez hors de la tanière, environ quatre mois après la naissance, la mère explore les alentours pour s'assurer qu'il n'y a aucun danger. Elle autorise alors ses petits à s'aventurer dehors. C'est à ce moment qu'ils vont commencer, par le jeu, leur initiation à la chasse et à la vie en général. Dans les premiers temps, le petit groupe réintègre chaque nuit son abri, mais progressivement il s'en éloigne. Et un beau jour, la mère et ses petits le quittent définitivement et partent sur la banquise à la recherche de nourriture. C'est le début de leur grand nomadisme.

▲ ▶ *La fourrure des jeunes ours a des reflets argentés.*
▼ *L'ourson explore la banquise.*

▼ *Lorsqu'il est fatigué, le petit grimpe sur le dos de sa mère.*

▲ *Les petits adorent jouer avec leur mère. Ils apprennent ainsi à développer leurs réflexes. Plus tard, ils continueront ces joutes plutôt amicales.*
◀ ▼ *Les portées comprennent un ou deux petits, plus rarement trois.*

◀ ▼ Le jeune ours ne s'éloigne jamais beaucoup de sa mère.

▲ L'ourson ne pèse pas plus de 700 g à la naissance. Adulte, une femelle atteint plus de 300 kg et un mâle 400 kg.

▼ Les femelles ne se reproduisent que tous les trois ou quatre ans. Le petit naît après une gestation de huit mois.

▲ Les oursons adorent jouer dans la neige.

▼ Les jeunes ours restent avec leur mère pendant un ou deux ans.

▼ La femelle n'hésite pas à attaquer si elle sent son petit menacé.

▲ Il arrive que des jeunes à peine émancipés vivent ensemble quelque temps.

▸ La mésange est élevée par les deux adultes, qui continuent de prendre soin d'elle après son envol.

▲ ▼ Le petit chacal vit avec son père, sa mère et les générations précédentes.

Des familles unies

L'attention parentale est la plus grande chez les oiseaux et les mammifères qui nourrissent leurs petits et en prennent soin pendant une période assez longue. Certains vont mener une vraie vie familiale. Les jeunes grandissent aux côtés de leur mère, de leur père et de leurs éventuels frères et sœurs. Une fois leur maturité sexuelle atteinte, ils partent pour délimiter leur propre territoire et, à leur tour, se reproduire.

Il arrive parfois que les jeunes restent suffisamment longtemps avec leurs parents pour cohabiter avec une nouvelle portée. Ils les aident alors à s'en occuper, ce qui constitue pour eux un apprentissage supplémentaire.

La vie familiale garantit davantage de sécurité aux petits : les adultes, qui détiennent l'autorité, les nourrissent et les protègent. Plus tard, les jeunes quittent la cellule familiale au fait des choses du monde.

La majorité des oiseaux sont monogames, au moins pendant la saison des amours. Le mâle et la femelle restent ensemble pour élever leurs petits. Certains pères participent à la construction du nid, d'autres se contentent d'y apporter de la nourriture. À la fin de la saison de reproduction, les couples se séparent bien souvent. À ce moment-là, les petits ont gagné leur indépendance. Mais certains couples sont unis pour la vie. C'est le cas des oies et des cygnes, dont les jeunes demeurent longtemps auprès de leurs parents, alors qu'ils sont capables de se débrouiller seuls depuis un moment.

Chez les mammifères, la relation dominante est celle de la mère et de son petit. Mais parmi les primates règne souvent une vraie vie de famille. Le père et la mère gibbon veillent tous les deux sur leurs petits, qui partent vers l'âge de sept ans, tandis que leurs parents restent ensemble.

Les castors vivent aussi en famille. Les couples se forment pour la vie, et c'est ensemble, avec leurs petits, qu'ils bâtissent leur demeure avant que ces derniers ne s'en aillent.

▲ La femelle réchauffe et surveille ses aiglons, tandis que le mâle rapporte au nid de la nourriture.

▸ La jeune marmotte passe une dizaine de mois avec sa famille avant de la quitter.

▸ Les jeunes castors restent en famille jusqu'à l'âge de deux ans, puis leur père les chasse.

▼ Le petit tamanoir est élevé par ses deux parents, qui le transportent sur leur dos à tour de rôle.

◀▼ *C'est à tour de rôle que le père et la mère protègent le petit manchot, qui reste blotti entre leurs pattes durant plus de deux mois.*

▲▼ *Le cygne est indépendant à l'âge de quatre mois et demi, mais demeure avec ses parents encore quatre autres mois.*

▲ *La mère prend soin des lionceaux, tandis que le père part en quête de nourriture pour sa progéniture.*

▶▼ *Les lycaons forment des familles très unies où les parents partagent souvent les jeux des petits.*

▼ *Le petit gibbon reste avec ses parents pendant sept ans. Il cohabite aussi avec la portée précédente.*

▲ *À sa naissance, le louveteau pèse entre 250 et 500 g. Adulte, il atteindra au moins 23 kg.*

▼ *Cinq à huit louveteaux naissent après une gestation d'environ soixante-deux jours.*

Le loup, la louve et les louveteaux

Au-dehors, se tient le père. Il rôde à proximité, mais ne pénètre pas dans la lovière durant les premiers jours. D'ailleurs, la louve ne lui permettrait pas de s'approcher des petits. Pourtant, ils forment un couple uni que rien, sauf la mort de l'un d'eux, ne peut en principe séparer.

À l'intérieur, quelques louveteaux aveugles, sourds et nus tètent leur mère. Elle ne les quitte pas d'un pas pendant plusieurs jours et les gave de lait. Elle a aménagé sa tanière près d'un point d'eau, car elle doit boire beaucoup pour pouvoir allaiter ses petits, et a pu enterrer par prudence de la nourriture à proximité en prévision de cette période.

De toutes les façons, le père veille. Il rapporte de la nourriture de ses parties de chasse, avalant des proies dont il recrache des morceaux aux pieds de la louve. Parfois même, ce sont les autres membres du groupe qui la ravitaillent.

Après trois semaines, les petits ont les yeux ouverts et ont pris des forces. Ils font leurs premiers pas dehors et commencent à jouer avec les autres loups de la meute.

Lorsqu'ils atteignent l'âge de deux mois, ils se regroupent à proximité de leur tanière, dans un lieu où les adultes viennent les rejoindre. Là, petits et grands se manifestent toute l'affection dont ils sont capables.

C'est à cette époque qu'ils commencent à accompagner les adultes à la chasse. Ils s'entraînent à dépecer des animaux que leur offrent leurs parents et capturent eux-mêmes de petites proies. Quand arrive l'hiver, les jeunes, âgés de six mois environ, se mettent en route avec les adultes. Car les loups sont des animaux nomades capables de parcourir des dizaines de kilomètres chaque jour.

▸ *Le louveteau se développe rapidement. À deux mois, il est initié à la chasse par ses parents.*

◂ ▾ ▸ *À l'âge de trois semaines, les louveteaux mettent le nez hors de la lovière et commencent à faire leurs premiers pas.*

▲ ▶ *Les louveteaux seront sevrés vers l'âge d'un mois. C'est à ce moment-là qu'ils commencent à apprécier la viande. La mère la régurgite pour eux.*

▲ *Les louveteaux commencent à jouer entre eux à l'âge de trois semaines. Ils aiment aussi beaucoup taquiner leur père.*

▲ *Dans une meute règne une hiérarchie très stricte, qui se manifeste dès le plus jeune âge. C'est le louveteau le plus fort qui, dès la première tétée, domine tous les autres.*

▼ *Les jeunes loups doivent apprendre à interpréter toutes sortes de signes : mouvements de la queue, des oreilles, aspect du poil…*

◀ ▲ *Le jeune loup quittera définitivement le clan vers l'âge de deux ans, au moment de sa maturité sexuelle.*

▲ *Plus tard, le jeune loup mangera de tout : de petits rongeurs, des oiseaux, des reptiles et le cas échéant des cerfs, des caribous, des chevaux sauvages…*

▲ ▼ *Le petit tète sa mère jusqu'à l'âge de six ou sept mois, mais il se nourrit déjà de graminées et d'herbe vertes.*

Un petit zèbre bien entouré

Il faut à peine une demi-heure au zèbre pour mettre au monde son petit et encore une vingtaine de minutes et quelques tentatives pour que celui-ci se tienne debout sur ses fines pattes écartées. Après deux heures, il est capable de suivre sa mère au pas. La famille entière assiste à sa naissance, dont le père, qui monte la garde. Ensuite, la mère éloigne tous ses autres congénères pendant trois ou quatre jours, jusqu'à ce que son petit soit capable de la reconnaître. Elle peut éventuellement autoriser un frère ou une sœur aînés à faire la toilette du nouveau-né. Tâche à laquelle se livre régulièrement le père, attentif et bienveillant. Il surveille sa progéniture et la ramène vers le groupe lorsqu'il lui arrive de s'en éloigner ou de s'endormir.

Pendant les premiers mois de sa vie, le petit zèbre suit sa mère dans tous ses déplacements. À la saison sèche, elle s'éloigne parfois pour aller trouver de l'eau, car il lui est indispensable de boire pour pouvoir nourrir son petit. Elle le laisse alors seul ; c'est à ce moment-là qu'il est le plus vulnérable. Les lions guettent. Mais le groupe est généralement bien organisé pour sa défense. Lorsque petits et grands se reposent, un animal veille et, en cas de danger, émet des cris d'alarme répétés.

Pour signifier à son petit que l'heure du sevrage à sonné, sa mère l'éloigne gentiment et parfois lui mordille les fesses. Mais elle continuera néanmoins à s'occuper de lui pendant de longs mois.

▼ ▶ *Les zèbres, jeunes et adultes, se prodiguent beaucoup de marques d'affection.*

◀ ▲ *Les zèbres ont souvent besoin de se désaltérer. C'est lorsque petits et grands vont boire, à la tombée du jour, qu'ils sont le plus vulnérables. Le lion en profite souvent pour attaquer.*

Les membres d'une même famille échangent des signes d'intérêt et de reconnaissance en se reniflant et se mordillant.

Le petit zèbre aime se frotter contre le flanc de sa mère.

Une robe stable

Contrairement à beaucoup d'autres mammifères, le petit zèbre porte en naissant la robe qu'il conservera tout au long de sa vie. Seule la teinte se modifiera un peu. Les dessins varient d'un animal à l'autre et constituent un bon camouflage dans les hautes herbes.

Jusqu'à deux ans, l'âge de la maturité sexuelle, les jeunes vivent dans une famille comprenant le mâle adulte et une ou deux femelles.

Le petit zèbre se met à jouer avec les autres membres du groupe vers l'âge de dix jours. Mais il ne s'éloigne pas pour autant de sa mère, qu'il suit partout.

Galoper est un grand plaisir pour le jeune zèbre.

Très vite, le jeune zèbre doit être capable de suivre le groupe. Celui-ci peut parcourir plusieurs kilomètres par jour dans la savane.

▲▼ *Lorsque la mère des petits suricates part à la recherche de nourriture, c'est un autre adulte qui veille sur eux.*

Des « marraines » et des « crèches »

Il arrive qu'un jeune chien de prairie regagne par erreur un terrier qui n'est pas le sien. Il est alors accueilli et convenablement soigné. Si les petits lycaons deviennent orphelins, la relève est assurée par les membres de la meute, qui les soignent et les nourrissent à tour de rôle. Une telle sollicitude suppose l'existence d'une vie communautaire, mais on la rencontre aussi chez des animaux qui élèvent leur progéniture en solitaire. Certains groupes protègent volontiers les jeunes. En cas de danger, les bœufs musqués forment un cercle autour des petits pour les mettre à l'abri. Parfois même, un individu, mâle ou femelle, seconde la mère. Il surveille son jeune lorsqu'elle s'éloigne et le nourrit si nécessaire. C'est une « marraine ».

Les loups et les chiens sauvages délèguent un ou plusieurs individus pour veiller sur les petits, tandis que le reste du groupe part à la chasse.

Au moment de la naissance, des « marraines » aident la baleine, tout comme le dauphin, à remonter vers la surface pour respirer. Si la mère est trop fatiguée pour porter son petit, ce sont elles qui s'en chargeront.

La lionne allaite souvent des petits qui ne sont pas les siens, ce qui est une pratique très rare parmi les animaux. Et quand elle part à la chasse, une sœur, une cousine ou même un mâle reste avec les lionceaux pour veiller sur eux.

Il règne entre les femelles éléphants une très grande solidarité. Quand l'une d'elles met bas, les autres restent à ses côtés pendant au moins deux jours, jusqu'à ce que le nouveau-né puisse marcher.

La vie communautaire permet un autre type d'entraide. Regroupés en crèches plus ou moins vastes, les petits sont gardés par quelques adultes, tandis que les parents vaquent à leurs occupations. Lorsque les parents partent en quête de nourriture, les jeunes pingouins, serrés les uns contre les autres, sont surveillés par des membres du groupe. Tout comme les manchots empereurs, que les adultes regroupent en crèches composées de tous les jeunes de l'année.

▼ *Un mâle, qui n'est pas le père, assiste la femelle macaque au moment de la mise bas. Il s'occupe du nouveau-né et le défend.*

▶ *Des lionceaux orphelins peuvent être adoptés par une femelle du groupe.*

◀▼ *Une femelle surveille le bouquetin pendant que sa mère s'est éloignée.*

◀ ▼ *Une jeune femelle aide la mère à surveiller l'éléphanteau et lui prodiguer les soins nécessaires.*

À la crèche

À un mois, les petits pélicans sont réunis en crèches. Quelques adultes en assurent la surveillance. Les jeunes les quittent lorsqu'ils sont capables de nager et de pêcher, vers l'âge de deux mois.

▼ *Il arrive que la girafe installe son petit avec d'autres, dans un lieu en hauteur qu'elle peut surveiller de loin.*

◀ *De jeunes femelles soignent parfois le petit babouin en remplacement de la mère.*

▼ *Lorsque la mère part à la chasse, une « marraine » veille sur le jeune cachalot.*

▲ *Dans les premiers jours de leur existence, les tout jeunes crocodiles forment quelquefois des crèches.*

▶ ▼ *Lorsque le vent est trop glacé, les petits manchots se rassemblent en se serrant les uns contre les autres, avec quelques adultes à proximité. Les parents vont et viennent de la mer à la crèche pour apporter de la nourriture.*

▲ La femelle turbot pond jusqu'à 10 millions d'œufs, puis les abandonne. Un très petit nombre parviendra à maturité.

▼ Les roussettes pondent de gros œufs, qui tombent et se fixent aux algues.

Des œufs abandonnés

L'absence de vie familiale est caractéristique de la plupart des animaux inférieurs. Chez la majorité des insectes, des poissons, des reptiles et des amphibiens, le mâle et la femelle se séparent juste après l'accouplement. Puis une fois que les femelles ont pondu leurs œufs, elles les abandonnent au bon vouloir de la nature.
Ils sont alors complètement dépendants de l'environnement où ils se trouvent et à la merci de nombreux prédateurs. La plupart vont succomber. Cependant ces animaux pondent de grandes quantités d'œufs, ce qui donne une chance à quelques-uns de survivre tout de même. De plus, la mère fait souvent en sorte de les déposer dans des lieux où sa progéniture trouvera immédiatement de quoi se nourrir. C'est notamment le cas des insectes. Par ailleurs, beaucoup d'espèces dissimulent leurs œufs avant de les abandonner.
Dès la naissance, ces animaux, contrairement aux mammifères et aux oiseaux, doivent donc se débrouiller seuls et faire quasiment sans aide l'apprentissage de la vie.
Les poissons dispersent leurs œufs dans l'eau. Les larves, si minuscules à la naissance, risquent d'être dévorées par leurs propres parents ! Il existe toutefois quelques exceptions. L'épinoche ventile ainsi ses œufs à l'aide de ses nageoires pour éviter qu'ils ne moisissent. Les jeunes resteront ensuite avec leur père un certain temps.
De même l'hippocampe mâle prend soin des œufs jusqu'au moment de leur éclosion, dans une poche d'incubation dans laquelle la femelle les a déposés.
Les reptiles ne se préoccupent pas de leur descendance. Mais leurs petits disposent d'une réserve de nourriture, le vitellus, qui les aide à survivre au moment de la naissance.
Les tortues, quant à elles, sont capables de parcourir des milliers de kilomètres pour pondre. Puis elles repartent aussitôt, abandonnant leurs œufs dans le sable.

◀ ▲ La larve du moustique vit dans l'eau, alors que ses parents évoluent sur terre.

▲ ▶ La tortue luth éclôt après que le soleil a chauffé son œuf pendant plus de soixante-dix jours. Sa mère est déjà loin. Elle se dirige vers la mer, qu'elle doit atteindre avant que les oiseaux, les crabes et autres prédateurs n'aient raison d'elle.

Un squat organisé

La femelle coucou ne construit jamais de nid et ne couve pas. Elle se contente de déposer son œuf dans la demeure d'un autre oiseau insectivore, puis s'en va définitivement. Orphelin de père et de mère, le jeune coucou sera pris en charge par ses parents adoptifs. Auparavant, il aura jeté hors du nid les œufs ou les oisillons des ses hôtes.

▲▶ *La grenouille verte se désintéresse complètement des œufs qu'elle a pondus, tout comme la rainette. Les têtards survivent grâce au reste de vitellus présent dans leur corps.*

▶ *La punaise abandonne ses œufs sur des graminées.*

▼ *La sauterelle abandonne ses œufs dans un lieu humide et chaud, conditions nécessaires à leur éclosion.*

▲ *Le varan du Nil pond jusqu'à 60 œufs dans une termitière et s'en va. Les termites colmatent alors l'ouverture, mettant ainsi les œufs à l'abri. Pour en sortir, les nouveau-nés n'ont plus qu'à se frayer tout seuls un chemin.*

▼ *Une fois éclose, la chenille nymphale de l'arbousier ne trouvera pas ses parents, mais de quoi manger. Elle a été déposée sur une plante qu'elle affectionne.*

▲ *La couleuvre à collier a abandonné ses œufs à la nature.*

La vie de tous les jours

▸ *L'allaitement des lionceaux dure environ six mois.*
▾ *Le petit babouin tète sa mère très longtemps.*

L'allaitement des jeunes mammifères

Qu'elles soient pourvues d'une seule paire de mamelles, comme la guenon ou l'éléphante, de deux ou trois paires, comme la vache, ou de cinq à sept paires, comme la truie, toutes les femelles mammifères nourrissent leurs petits avec leur lait. Cela concerne aussi bien les animaux sans défense, qui restent un moment cachés au fond de leur tanière, que ceux qui se tiennent presque immédiatement debout aux côtés de leur mère. À peine quelques minutes après leur naissance, les premiers se dirigent, en tâtonnant, vers les précieuses mamelles. Les autres tètent dressés sur leurs pattes ou à moitié accroupis. Ce n'est pas toujours facile pour le bébé de trouver le bon emplacement. Souvent, sa mère l'aide en le dirigeant au moyen de son museau.

Le lait maternel est généralement très riche et nourrissant, bien que sa consistance diffère selon les espèces. Les mammifères marins possèdent le lait le plus épais. C'est de toute façon le meilleur aliment de croissance : grâce à lui, le bébé grossit très rapidement jusqu'au sevrage. Au début, les petits boivent selon leur bon vouloir, jusqu'à satiété. Mais, peu à peu, les tétées s'espacent. Progressivement, les animaux passent d'un régime lacté à un régime plus solide. Cependant, il arrive très souvent qu'ils continuent de téter tout en absorbant déjà d'autres nourritures.

▴ *Le bison d'Amérique allaite son petit environ un an. Celui-ci restera plus de trois ans auprès de sa mère.*
▸ *Les premiers jours, le petit chevreuil attend patiemment sa mère, qui revient l'allaiter deux ou trois fois dans la journée.*
▾ *Le sevrage du petit chimpanzé peut se produire au bout de deux ans et demi environ, lorsque sa mère est de nouveau féconde.*

▴ *Le petit phoque du Groenland tète sa mère pendant une dizaine de jours, puis elle l'abandonne à son sort.*
◂ *Le faon naît au printemps et tète sa mère jusqu'à la fin de l'automne.*

▲ Le gibbon nourrit son petit jusqu'à l'âge de sept mois.

▶ L'éléphanteau d'Afrique tète avec sa bouche, la trompe levée. Le lait de sa mère s'enrichit en matières grasses à mesure que son petit grandit.

▲ La lapine nourrit ses petits une fois par jour d'un lait trois fois plus riche que celui de la vache.

▲ Le girafeau tète sa mère une heure après sa naissance. Au bout d'une semaine, il se met déjà à brouter de l'herbe.

Du lait pour tout le monde

La femelle kangourou secrète un lait de composition différente à chaque tétine. Elle satisfait ainsi aux besoins du nouveau-né, qui se trouve dans sa poche pour une période de six à huit mois, et à ceux de l'aîné, qui revient de temps à autre téter en enfouissant sa grosse tête dans le sac déjà occupé. Le jeune kangourou n'est tout à fait sevré qu'au bout d'un an.

▲ Le petit hérisson tète sa mère pendant une vingtaine de jours. Pour lui faciliter la tâche, elle se met sur le côté et plaque ses piquants contre son corps.

▲ Il arrive qu'une lionne du groupe allaite d'autres petits que les siens.

◀▶ Âgés d'environ six semaines, ces louveteaux, sont gavés de lait par leur mère.

La tété des eutamias à queue rayée.

Ce petit dasyure, un marsupial, tète sa mère.

L'allaitement des jeunes mammifères
(suite)

Ce moment est très important, surtout les premiers jours. Mère et nouveau-né tissent des liens de reconnaissance, ils échangent leurs odeurs, se prodiguent des marques de tendresse. La période de l'allaitement est très variable selon les espèces : l'éléphanteau tète jusqu'à l'âge de quatre ans, alors que le tanrec, un petit insectivore de Madagascar, est sevré avant une semaine. Les bébés dépendent donc entièrement de leur mère, le rôle du père étant le plus souvent très réduit. Il arrive qu'un petit orphelin soit pris en charge par une autre femelle. Sinon, seul un biberon humain pourra sauver l'animal abandonné. Mais viendra de toute façon le jour où le jeune prendra son indépendance, ce qui signifie la plupart du temps une rupture avec ses parents. Ce moment coïncide souvent avec le sevrage.

Les premiers jours, le petit maki catta reste caché dans la fourrure ventrale de sa mère et passe beaucoup de temps à téter.

Pendant les sept premières semaines, l'ours polaire tète sa mère toutes les deux heures.

Avant de s'enfermer dans la tanière, l'ourse se nourrit beaucoup ; elle s'enrobe de graisse. Sans avoir à sortir pour manger, elle fabrique ainsi du lait pour ses petits, qu'elle allaite environ trois mois.

L'allaitement de l'otarie dure trois mois. Après la première semaine, la mère laisse ses petits de temps à autre pour aller se nourrir.

◀ *Renard à oreilles de chauve-souris.*

▲ ▼ *Les petits guépards sont sevrés vers l'âge de trois mois.*

▼ *Ce jeune impala tètera sa mère durant cinq mois environ.*

▲ *Au début de son existence, le renardeau passe ses journées à téter et dormir. Vers la fin du premier mois, il commence à manger de la viande prédigérée.*

▶ *Les bébés mulots sont sevrés une quinzaine de jours environ après leur naissance.*

▲ *Âgé d'une semaine ou deux, le rhinocéros commence à paître, bien qu'il continue à téter sa mère.*

◀ *Lorsque ce petit gnou à queue noire sera sevré, il mangera de jeunes pousses et des melons sauvages.*

Comment les oisillons sont nourris

À peine sortis de l'œuf, certains oiseaux, tels les canetons et de petites espèces aquatiques, sont capables de se nourrir seuls. On les appelle des « nidifuges ». D'autres naissent sans défense et doivent être nourris par leurs parents jusqu'à ce qu'ils aient pris des forces. Ce sont des « nidicoles ». Les parents vont et viennent pour leur apporter des aliments solides : insectes, vers, poissons. Pour recevoir cette becquée, les oisillons se lèvent, pépient et ouvrent tout grand un bec avide. C'est ainsi qu'ils déclenchent le comportement de nourrissage de leurs parents.

Les pigeons et les tourterelles nourrissent leurs petits avec un liquide crémeux, qui ressemble à du lait, sécrété par les parois de leur jabot.

Il s'opère parfois une sélection naturelle : il arrive que les oiseaux prédateurs aient du mal à procurer de la nourriture à tous leurs petits. L'éclosion est alors échelonnée, ce qui peut provoquer la disparition des plus jeunes, dépossédés de leur nourriture par leurs aînés.

Certains oiseaux sont végétariens, ils consomment surtout des graines, comme le pigeon ou la poule. Grâce à leur bec très robuste, les petits perroquets peuvent déjà casser les graines les plus dures. Les merles et les grives aiment les baies, tandis que le bec très fin du colibri et sa langue en forme de pinceau lui permettent de lécher le nectar des fleurs. D'autres oiseaux sont insectivores. L'hirondelle fonce dans les nuages de moucherons, le bec grand ouvert, et rapporte à ses oisillons des boulettes d'insectes. D'autres encore vont à la pêche : les échassiers, comme le flamant rose, fouillent le sable, tandis que certains rapaces saisissent les poissons au vol. Enfin, les oiseaux carnivores, qui sont essentiellement des rapaces, rapportent au nid d'autres oiseaux, de petits rongeurs, des lapins...

À la fin de l'été, quand les insectes, les baies et les fruits viennent à manquer, certains oiseaux réussissent à adapter leur régime alimentaire au nouveau climat. D'autres en sont incapables, ils doivent migrer pour chercher ailleurs de quoi se sustenter. Avant de partir, ils font de telles réserves que leur poids peut aller jusqu'à doubler.

▲ *Pendant deux mois le cigogneau est alimenté par ses parents. La nourriture est régurgitée dans le nid. Il ne reste plus au petit qu'à déguster cette bouillie prédigérée.*

▼ *Pendant les deux premières semaines, le petit pélican est nourri d'une bouillie régurgitée par ses parents. Ensuite, il ira directement chercher dans leur gosier, et jusque dans l'œsophage, des morceaux de poisson.*

▼ *Les bébés mouettes prennent directement la nourriture dans le gosier des parents. Lorsqu'ils sont affamés, ils frappent la tache rouge située sur le bec de l'adulte. Le poussin de la mouette argentée l'encourage ici à lui délivrer la nourriture.*

▲ *Après avoir pris son envol, la jeune mouette revient de temps à autre au nid pour se faire nourrir.*

◀ *Le jeune coucou est goulu, il pousse de petits cris pour solliciter la nourriture et ouvre très grand son bec.*

▶ *Le bébé coucou s'empare de la nourriture apportée par les propriétaires du nid dans lequel il a été déposé.*

▼ *L'épervier d'Europe mâle part à la chasse et rapporte ses proies à proximité du nid. La femelle, prévenue par son cri, s'en empare et les donne aux oisillons.*

▲ *Le fou masqué obtient des aliments régurgités en enfonçant son bec au fond du gosier de ses parents.*

▶ *Le martin-pêcheur d'Europe donne à ses petits le poisson qu'il a capturé, présenté la tête la première.*

◀ *Le busard mâle jette les proies qu'il a capturées dans les serres de la femelle pour qu'elle les donne aux petits.*

▶ *Ce jeune grand labbe attend d'être nourri par sa mère.*

▼ *La jeune pie-grièche se nourrit d'insectes et de larves.*

▼ *La mésange charbonnière aime les insectes, mais aussi les chenilles.*

La relève

Le manchot empereur femelle rapporte à son petit 2 ou 3 kg de poisson et de mollusques qu'elle régurgite dans son bec, une dizaine de jours après l'éclosion. Avant cela, le père seul a couvé l'œuf, puis s'est occupé du petit en le nourrissant d'une sécrétion de son tube digestif. À ce moment-là, le mâle peut s'éloigner vers la mer, affaibli par son long jeûne.

▲ *Comme d'autres rapaces, la buse variable nourrit son oisillon de petites proies et parfois de morceaux de lapin.*

▼ *Il arrive qu'un manchot sans progéniture adopte un orphelin et le nourrisse.*

▲ *Le petit kangourou tète sa mère jusqu'à l'âge de sept mois environ. Puis il se nourrit d'herbe et de feuilles. Les kangourous consacrent de longues heures à s'alimenter.*

Ce que mangent les mammifères

La préoccupation principale des animaux sauvages consiste à trouver leur nourriture. Pris en charge plus ou moins longtemps par la mère selon les espèces, les très jeunes mammifères doivent peu à peu apprendre à se débrouiller seuls. Tandis que leurs dents de lait se développent, ils passent progressivement de l'alimentation lactée à un autre régime : herbivore, carnivore ou encore insectivore.

C'est aux côtés de la mère que les petits apprennent à se nourrir. Ainsi, il est courant de voir un jeune singe voler les fruits et feuilles que sa protectrice s'apprête à manger. Bien accroché à elle, il découvre quelles sont les espèces les plus goûteuses.

De son côté, le jeune guépard joue volontiers avec les animaux que sa mère a chassés et tués. Comme elle, il deviendra un grand amateur de viande.

▶ ▼ *L'ours brun, qui aime les poissons, se repaît aussi de charognes et de taupes. Il lui arrive de s'attaquer aux ruches pour y voler le miel.*

Une fois adultes, les mammifères herbivores possèdent en général de fortes incisives et des molaires plates avec lesquelles ils coupent puis écrasent les diverses plantes. Ils peuvent grignoter – à l'image des rongeurs, comme le lapin, l'écureuil, la souris – ou encore brouter, comme le mouton ou le cheval. Les carnivores, quant à eux, ont de fortes canines et des molaires coupantes qui déchiquettent la chair et broient les os. C'est le cas notamment des fauves. Beaucoup d'entre eux, comme le lion et le tigre, ne dédaignent pas les charognes, que la hyène et le chacal affectionnent tout particulièrement. En compagnie des adultes, les jeunes participent déjà au « carnage ».

La chauve-souris chasse les insectes tout comme la taupe, le tamanoir et le pangolin. Certains mammifères vont à la pêche : l'ours polaire attrape des canards et la loutre des poissons, qu'elle déguste sur un rocher. Et comme tous les goûts alimentaires sont dans la nature, certains animaux ont un régime unique, par choix ou par force : le koala se nourrit essentiellement de feuilles d'eucalyptus et le panda de pousses de bambou dès l'âge de six mois.

▲ *Le petit bison tète pendant un an, puis se nourrit de plantes herbacées en été et de mousses en hiver.*

▼ *Après son repas, la jeune panthère se rend à un point d'eau pour se désaltérer.*

◀ *Sevré au bout d'une semaine, le levraut se nourrit d'herbe, de baies et de racines. Il aime tout particulièrement la betterave.*

▶ *Une fois sevré le petit babouin aura une alimentation variée : il mangera des fruits, des noix, des feuilles, des racines, des insectes et même des antilopes !*

Le lion tue toutes sortes d'animaux, qu'il partage avec ses petits. C'est vers trois mois que le lionceau s'initie à la chair fraîche. Ici, il goûte à un hippopotame.

À trente-cinq jours, le louveteau avale de la nourriture régurgitée par sa mère et vers l'âge de six mois, il apprend à capturer de petites proies. Plus tard, il lui faudra 2 kg de viande par jour.

Comme sa mère, ce jeune guépard chassera bientôt les gazelles, les gnous et les lièvres.

Le petit tigre commence à chasser vers l'âge de six mois des jeunes antilopes ou des volatiles de faible taille.

À l'âge de deux semaines, le renardeau avale une viande prédigérée que régurgite la mère. Plus tard, il se nourrira de lapins, de campagnols, et aussi de fruits et de détritus.

Un gros gourmand

L'éléphanteau a rapidement besoin d'une nourriture solide. Il vient chercher dans la bouche des adultes de l'herbe broyée à son intention. Vers trois ou quatre mois, il commencera à utiliser sa trompe pour cueillir des herbes et des feuilles. Adulte, il ingurgitera plus de 150 kg de végétaux par jour.

Le girafeau se met à brouter de jeunes pousses et des feuilles tendres vers l'âge de deux semaines, tout en continuant à téter. Il aime particulièrement les rameaux des acacias.

Le petit gnou mange de jeunes pousses. Il apprécie également les melons sauvages.

Dormir

Certains animaux passent beaucoup de temps à dormir, et en particulier les nouveau-nés. Les premiers jours, blottis contre leur mère, ils ne s'éveillent que pour téter. Comme les humains, ils rêvent. Le chat, imagine-t-on, pourrait voir des scènes de chasse dans ses songes.

La durée du sommeil varie considérablement d'une espèce à l'autre. Le lièvre dort très peu, sans doute parce qu'il se sent menacé ; les animaux ont dû adapter leur sommeil à l'environnement. En revanche, les félins peuvent dormir jusqu'à dix-huit heures par jour. Il semblerait d'ailleurs que les prédateurs dorment mieux et davantage que leurs proies. Mais même assoupis, ils restent vigilants : il s'agit malgré tout de veiller sur les petits. Le record est détenu par l'opossum, capable de dormir plus de vingt heures par jour, tandis que le requin ne ferme jamais l'œil. Certains animaux dorment le jour et d'autres la nuit. La chouette, le castor, le renard, la chauve-souris, le lapin, le chevreuil… entrent en activité lorsque le soir tombe, après s'être reposés toute la journée. Ils partent à la recherche de nourriture pour eux et leurs petits. Ils sont parfois accompagnés de leur progéniture, comme c'est le cas de la chauve-souris. Pour quelques animaux, dont le hérisson, l'écureuil, l'ours brun et la chauve-souris, les premiers froids de l'automne signifient le début du grand sommeil. Ils ingurgitent d'importantes quantités de nourriture, puis se retirent pour hiberner dans un abri qu'ils ont soigneusement tapissé d'herbe, de feuilles et parfois de poils. Là, ils sombrent dans une étrange torpeur, tandis que leur organisme se met au ralenti. Ils se réveillent périodiquement et sortent parfois de leur refuge pendant quelques heures, puis vont se recoucher. Durant cette période, il arrive à certains de mettre bas. La plupart des reptiles et des amphibiens entrent aussi en hibernation jusqu'au retour des beaux jours. C'est à ce moment-là que les animaux, petits et adultes, se réveillent tout amaigris.

▲ *Le petit orang-outan dort souvent dans le giron de sa mère.*

▲ *Ces jeunes suricates dorment joue contre joue.*

▼ *Ces lionceaux sont assoupis. Généralement, ils font la sieste couchés sur le dos.*

▲ *Ce phoque crabier fait la sieste sur le dos.*

▼ *Ces petits loups d'Amérique du Nord se sont endormis à l'écart dans les herbes sèches…*

◀ *… tandis que ceux-là dorment les uns contre les autres.*

▲ Ce jeune ours polaire est sur le point de s'endormir dans la neige.

▶ Ce petit phoque du Groenland dort sur la neige, mais peut aussi bien le faire dans l'eau.

▶ Les petits cygnes dorment dans un nid confortable fait de joncs, d'algues, de roseaux et tapissé de feuilles et de duvet.

▲ Ce petit cerf de Virginie s'est tendrement enroulé pour se reposer.

Un gros dormeur

L'ours brun dort une grande partie de la journée. De plus, lorsque les mauvais jours arrivent, il se retire dans une caverne, sous un rocher ou dans un arbre creux pour hiberner. Parfois, des petits viennent au monde au milieu de l'hiver. L'année suivante, ils devront à leur tour trouver une cachette pour s'abriter et dormir.

◀ Le renardeau passe le début de son existence à dormir et à téter. La renarde se repose à côté et ne s'éloigne que quelques heures à la tombée de la nuit pour chasser.

▲ Le faon (chevreuil) se tient caché pendant la journée et ne devient actif qu'aux dernières lueurs du crépuscule.

▲ Le hérisson cache son nid sous un tas de feuilles, au pied d'un arbre, pour y dormir tout l'hiver.

◀ Cet impala se repose.

▶ Ces renardeaux roux sont blottis les uns contre les autres pour se tenir chaud.

Communiquer

▲ ▶ *Les lionceaux saluent leurs aînés en leur léchant le museau.*

▼ *À défaut d'avoir des capacités vocales, les cigognes s'adressent à leurs petits en claquant très fort du bec.*

▼ *Ces jeunes hyènes manifestent toute leur affection à leur mère...*

Le langage, les modes de communication, les expressions propres aux animaux, sont une énigme que l'homme tente de déchiffrer depuis toujours. Les éthologistes, c'est-à-dire les scientifiques qui étudient le comportement des animaux, ont fait d'immenses progrès en leur consacrant d'innombrables heures d'observation patiente. Les animaux disposent de divers moyens, dès leur plus tendre enfance, pour exprimer ce qui relève du sentiment. Et ils savent signifier aussi la place qu'ils occupent dans le « monde », la position sociale qu'ils revendiquent. Ils communiquent à travers toutes sortes de signes : gestes, attitudes, mimiques, odeurs, signaux colorés, appels sonores. Ainsi, ils ont appris à défendre leur territoire par différents types de marquages : optique, acoustique ou encore odorant. Les adultes savent aussi par des comportements physiques variés avertir les petits de certains dangers ou leur indiquer qu'il y a de la nourriture disponible. Les jeunes, de leur côté, doivent pouvoir signaler à leurs parents qu'ils ont faim ou qu'ils ont peur.

Mais communiquer signifie aussi des relations spécifiques et immédiates entre une mère et sa progéniture qui, dans des circonstances très diverses, doivent pouvoir se reconnaître et se comprendre. Dans les toutes premières heures de la vie, les nouveau-nés apprennent à identifier leur mère et impriment ses traits dans leur mémoire. Ce peut être une forme, un son ou une odeur. La chèvre, par exemple, ne reconnaîtra son petit que si elle s'est imprégnée de son parfum en le flairant et le léchant juste après sa naissance. Cinq minutes suffisent à ne pas le repousser, plus tard, définitivement.

...Tout comme cette femelle lynx prodigue de la tendresse à ses petits. ▶

▼ *La queue basse du loup signifie le calme. État que lui procure la proximité de ses petits.*

▲ *Ce renardeau frotte le museau de sa mère pour lui signifier qu'il a faim.*

▶ *La mère phoque qui cherche son petit parmi des milliers, est tout d'abord guidée par sa voix, puis par son odeur.*

▼ *Comme les autres primates, le jeune chimpanzé a des mimiques faciales très expressives.*

▲ *Le petit zèbre apprend à lisser la crinière de son congénère. C'est une obligation entre les membres d'un même troupeau.*

◀ *Ces petits rouges-gorges expriment leur faim en ouvrant grands leurs becs. Ils n'ont pas d'autres moyens de le faire.*

▲ *L'oie cendrée pousse parfois des cris de colère, mais elle exprime aussi son humeur par différentes postures.*

▶ *Plus tard, ces petits paons déploieront leurs magnifiques plumes pour signifier à la femelle leur attirance.*

◀ *Le lycaon prodigue beaucoup de soins et de tendresse à ses petits. Pour montrer qu'ils ont faim, ceux-ci mettent leur museau dans la gueule des adultes.*

▼ *Par une danse très codifiée, l'abeille indique à ses congénères l'emplacement où se trouve de la nourriture.*

Une méprise embarrassante

Si un caneton privé de sa mère est laissé entre la huitième et la vingtième heure de sa vie près de n'importe quel objet mobile, il le suivra et l'imitera en tout, comme s'il s'agissait de sa génitrice. Ainsi, un jouet, un humain, une lumière peuvent lui tenir lieu de mère. Il lui sera impossible de revenir sur sa méprise.

Le chant des baleines s'entendrait à des centaines de kilomètres. Chaque morceau est composé de plusieurs thèmes qui se modifient avec le temps.

En gonflant son sac vocal, la grenouille peut produire de puissants sons.

La chauve-souris émet des cris aigus et stridents que les papillons perçoivent, contrairement aux humains.

Le jeune orang-outan apprendra plus de trente-cinq signaux pour s'exprimer.

Comment les animaux «parlent»

Le mainate tout comme le perroquet sont capables d'imiter le langage humain. Mais ils ne font que reproduire des sons sans les comprendre. Les oiseaux, les mammifères, les grenouilles et de nombreux reptiles émettent une variété de sons qui sont autant de signaux sociaux. Les animaux disposent au plus, pour s'exprimer, de trente-cinq signaux différents qui leur servent à prévenir d'un danger, à appeler un congénère, à manifester une émotion... Mais on est loin du langage humain, articulé, élaboré, inventif, même si l'on a pu obtenir d'impressionnants résultats avec des chimpanzés. Entre les parents et leurs petits s'établit donc souvent une communication privilégiée, d'abord très simple et directe, puis plus élaborée. Avant même l'éclosion de l'œuf, les poussins apprennent à reconnaître la voix de leurs parents et réciproquement.

Les crocodiles accourent aussitôt qu'ils entendent le moindre cri de détresse de leur petit. Et les parents savent aussi fort bien signaler à leur progéniture l'approche d'un danger. Certains disposent de plusieurs signaux pour signifier divers périls. Ainsi, l'écureuil de Californie s'exprime de façon très différente s'il aperçoit un rapace ou un serpent.

Les petits apprennent par imitation ce qu'ils perçoivent. Les jeunes oiseaux assimilent des chants avant même de les exécuter. Ainsi, un jeune rossignol privé de ses congénères et qui n'entendrait que le chant d'une fauvette ne pourrait reproduire que celui-ci. Il y a des sons que nous percevons, comme ceux des chiots, des veaux ou des poulains, mais d'autres sont pour nous inaudibles : les chauves-souris et les rongeurs, par exemple, communiquent par ultrasons.

Outre par divers barrissements, l'éléphanteau saura communiquer avec ses congénères par des infrasons, inaudibles pour l'homme.

Le goéland apprendra à défendre son territoire en poussant un cri puissant, l'« appel à longue distance ».

Un chant singulier

Lorsque le manchot empereur revient de la mer avec de la nourriture pour son petit, il ne le reconnaît, parmi la foule des poussins, que par le chant, unique entre tous, qu'il produit. C'est entre les pattes de ses parents que le jeune l'a appris.

Les marmottes se relaient pour faire le gué et ainsi protéger leurs petits. À la moindre alerte, elles poussent un cri.

Le girafeau inquiet lance des cris aigus pour communiquer sa peur.

Avant de sortir de l'œuf, les petits crocodiles piaillent très fort. C'est un signal pour leur mère, qui vient dégager les œufs du sable où elle les a enterrés.

Un jour avant l'éclosion, le poussin est capable d'émettre plus de sept sons différents, aussi bien des cris de joie que de détresse.

Alors que le brame du cerf mâle en rut est intense et puissant, la voix des faons ressemble à des piaillements enroués.

Le gibbon produit un véritable concert pour délimiter le territoire où il s'installe avec sa famille.

Le jeune dauphin devra apprendre les dix-sept signaux qui lui permettront de siffler, de cliqueter, de produire des sortes de craquements et de grincements ou encore des sons très doux.

▲ La queue relevée signifie que la chasse est finie. C'est un signal de paix pour les autres mammifères. À l'inverse la queue battante signifie que la panthère s'apprête à attaquer.

Le « langage » des panthères

Vers l'âge d'un an et demi ou deux ans, la jeune panthère quitte sa mère pour affronter la vie. Mais auparavant, elle aura tout appris d'elle. Elle deviendra, après cette longue période d'apprentissage, un animal particulièrement solitaire et un redoutable chasseur. Durant ces deux années, les trois ou quatre petits de la portée seront quasiment restés dans les mêmes lieux, car la panthère est sédentaire et change rarement de territoire. Pour signaler sa présence, elle marque la végétation en laissant l'empreinte de ses griffes sur l'écorce des arbres ou sur des pierres, tout en poussant des toussotements rauques. En effet, comme tous les autres félins, la panthère est très éloquente. Les positions de sa queue signalent différents états. Elle possède une large palette de sons et de moyens d'expression auxquels elle initie peu à peu ses petits. Lorsqu'elle s'adresse à eux, elle émet de petits cris rapides. Ses grondements brefs sont un signe de reconnaissance, mais accompagnés de soufflements, ils signifient que la panthère est sur le point de se mettre en colère. Lorsqu'elle part à la chasse, elle commence par toussoter, puis elle rugit au moment de l'attaque. Dès l'âge de trois mois, ses petits l'accompagnent. À leur tour ils seront capables, quelques semaines plus tard, de capturer des proies et de produire en miniature les expressions vocales de leur mère. À ses côtés, ils auront aussi appris à être rusés et patients. La panthère adulte est en effet un maître de la dissimulation, qui n'est jamais là où l'on croit la trouver. Elle enseignera à sa progéniture l'art de faire de grands détours pour éviter un piège et atteindre son but coûte que coûte.

▲ Près de leur mère les petits ronronnent. Ils continueront de le faire une fois adultes pour exprimer leur contentement.

▶ En jouant, les jeunes s'exercent à imiter les mouvements de leur mère.

▲▶ Le jeu enseigne la patience, l'une des caractéristiques de l'espèce.

La panthère salue ses petits par des « pit, pit, pit », mais en cas de danger, elle émet un bref grognement.

Tout en grimpant aux arbres, les jeunes panthères poussent miaulements et piaillements.

Bientôt, les jeunes panthères sauront exprimer leur colère en grondant et en rugissant violemment.

Les petits apprennent à imiter leur mère qui veille soigneusement à leur éducation.

Leur pelage tacheté permet aux petits et aux adultes de se camoufler au milieu de la végétation.

Comme leurs parents, les jeunes rugissent au moment d'attaquer.

Se laver et être lavé

La toilette de leurs petits occupe beaucoup les parents. Toujours soigneuse et méthodique, elle participe à les garder en bonne santé. Pour les mammifères comme pour les oiseaux, la toilette est indispensable : elle entretient leur pelage ou leur plumage, évacue les parasites et crée toutes sortes de liens essentiels avec leur progéniture.
Elle représente souvent le premier contact entre le jeune et la mère : celle-ci lèche son petit à la naissance pour le nettoyer et le sécher et, par la suite, elle continuera de le faire pour le garder propre jusqu'à ce qu'il devienne indépendant. Durant cette toilette « inaugurale », qui sert aussi à activer la circulation du sang et la respiration, la mère pousse parfois de sa langue le petit vers ses mamelles. Cette activité a aussi une fonction de reconnaissance. La mère imprègne sa progéniture de son odeur et s'imprègne de la sienne afin que les deux puissent se reconnaître, surtout au sein d'un groupe.
Plus tard, la toilette deviendra une activité plutôt solitaire, sauf pendant la période des amours, où la femelle lèche le mâle et réciproquement. Elle peut aussi, mais plus rarement, remplir une fonction sociale : adultes et petits, apparentés ou non, s'adonnent de la sorte à l'épouillage, comme le font les singes ou parfois même les loups.
L'eau, la poussière et la boue sont des ustensiles de toilette. L'hippopotame ainsi que la loutre se plongent dans l'eau, tandis que les oiseaux se rafraîchissent dans les flaques. Certains mammifères, comme les éléphants et les ours, se frottent contre des troncs d'arbre pour éliminer les parasites.
Les félins ont une langue râpeuse dotée de papilles cornées qui leur permettent de se laver remarquablement bien. Ainsi le pelage des tigres et des panthères ressemble à du velours. Le lion est une exception : ses vieux bouts de crinière sales qui pendent n'ont pas l'air de le gêner, alors que les lionceaux sont scrupuleusement nettoyés par leur mère.

▲ *Ce jeune chimpanzé se fait épouiller par sa mère.*
▶ *Cette lionne fait la toilette de son petit. Un peu plus grands, les lionceaux se laveront mutuellement.*
▼ *Cette femelle guépard toilette son petit.*

◀ *À peine capable de marcher, le petit hippopotame se plonge dans l'eau à la suite de sa mère pour rafraîchir sa peau fragile.*
▶ *Le lynx donne de grands coups de langue à ses petits pour entretenir leur pelage.*
▼ *Cette femelle suricate lèche soigneusement le ventre de son petit.*

▲ Ce wapiti lèche tendrement son petit.

▲ Ce jeune lion nettoie ses coussinets et ses griffes pour les rendre plus acérées, comme le font tous les félins.

▲ La marmotte peut se gratter pendant des heures.
▶ Cette mère lycaon prend soin de son petit.

▼ Ce macaque japonais fouille consciencieusement dans la fourrure de son petit pour le débarrasser de ses poux.

▲ Ce chevreuil nettoie l'arrière-train de son faon.

Un épouillage consciencieux

Ce babouin épouille son petit avec soin, mais il arrive que d'autres individus que la mère procèdent à la toilette des jeunes.

▲ La cigogne doit débarrasser ses plumes des parasites.
◀ Le zèbre lave son petit avec application, mais ici, c'est un pique-bœuf qui accomplit la tâche.

▲ *Tout petit, l'éléphanteau va connaître les joies de l'eau.*

▼ *Chaque jour l'éléphanteau est baigné et arrosé d'eau.*

Toilette et jeux d'eau des éléphants

L'éléphant ne peut vivre sans eau. On estime sa ration journalière à plus d'une centaine de litres ! Il a non seulement besoin de boire énormément, mais aussi de s'immerger régulièrement. Ainsi, plusieurs fois par jour, les membres du troupeau, adultes et petits, se retrouvent autour d'un étang ou d'une rivière. Ces points d'eau sont aussi des points de rencontre entre groupes. Les femelles les plus âgées gardent en mémoire la localisation de ces lieux rares et transmettent ce savoir aux jeunes générations.

En forêt, l'éléphant boit à n'importe quelle heure de la journée lorsqu'il rencontre un marigot. Dans la savane, c'est plutôt en milieu de journée ou juste avant la tombée de la nuit qu'il procède à ses ablutions. Pour l'éléphanteau, qui passe par ailleurs beaucoup de temps à jouer, le moment du bain est absolument privilégié.

Après s'être désaltérés, les animaux s'aspergent la tête et le corps, pataugent joyeusement, soufflent, pulvérisent partout le précieux liquide et finissent par s'immerger et se coucher complètement dans l'eau en ne laissant dépasser que le bout de leur trompe. Pour les éléphanteaux, c'est un pur moment de bonheur : ils barbotent, se bousculent, font des culbutes, s'éclaboussent sous le regard vigilant de leur mère et de leur tante, qui interviennent parfois pour modérer leur ardeur. S'il y a de la boue, le plaisir est encore plus intense. Les éléphanteaux la prennent au creux de la trompe et se la projettent sur tout le corps. Puis ils s'y vautrent avec jubilation et en ressortent entièrement couverts. De gris ardoise, ils deviennent noir luisant. À regret, ils quittent le lieu sous la houlette des adultes. Épuisés, ils se laissent tomber sur le sol, à l'ombre des arbres, et s'endorment.

▶ *Se vautrer dans la boue est un plaisir qui sert aussi à évacuer les parasites.*

▼ *La trompe sert à la fois de douche et de saupoudreuse ; elle pulvérise l'eau dont l'éléphant s'asperge et répand de la poussière sur son corps.*

▲ *La boue protège les adultes et leurs petits des piqûres d'insectes.*

▲ ▼ *Adultes et petits procèdent à une toilette qui peut durer plus de deux heures.*

▼ *Dans certaines régions, les éléphants se pulvérisent sur le corps de l'argile ou du kaolin, qui agissent comme un véritable shampooing sec.*

▲ *En période de sécheresse, l'éléphant creuse le sol avec ses défenses pour accéder aux nappes d'eau souterraines afin de boire et de permettre à son petit de se désaltérer.*

▲ *Jeunes et adultes partent à la recherche de troncs d'arbres contre lesquels se frotter pour terminer leur toilette.*
▼ *L'éléphant boit avec sa trompe : chacune de ses prises peut contenir de 4 à 10 l d'eau.*

▲ ▼ *L'éléphant souffre de la chaleur, l'eau le rafraîchit.*

A la ville,
à la ferme

▲ *La souris se reproduit à grande vitesse et en toute saison. Elle peut avoir jusqu'à dix portées de trois à huit souriceaux par an. Elle installe son nid dans un trou de mur ou de plancher et le tapisse de chiffons ou de papier.*

Des animaux dans les villes

Quoi que l'on puisse en penser, les oiseaux ne sont pas les seuls animaux des villes. Plus invisibles, mais bien réels, des insectes, des poissons et même des mammifères vivent et donnent naissance à leurs petits dans les parcs, les rues, les égouts, les greniers... Ils trouvent dans la ville une chaleur bienfaisante grâce au chauffage des maisons et aux gazs d'échappement des voitures, et de la nourriture abondante dans les poubelles et sur divers étalages. Les arbres fournissent de l'oxygène et, tout comme les toits et les cheminées, des abris pour les nids. Plus de quatre-vingts espèces d'oiseaux font des séjours dans les villes, certaines y construisent leurs nids ; seule une dizaine d'entre elles y restent en permanence.

La chaleur propre à la ville permet à certaines espèces de se reproduire bien avant l'arrivée des beaux jours. Dans les îlots de nature, se rencontre tout un petit monde qui préfère, souvent par sécurité, mener une vie nocturne : taupes, fouines, écureuils, etc. Les maisons sont les royaumes des souris, qui se reproduisent particulièrement vite, tout comme les rats qui ont envahi les égouts et les caves. Paris en compterait autant que d'habitants! Chauves-souris et chouettes effraies, peuplent quant à elles les greniers en compagnie de leurs petits. Les fleuves abritent de nombreuses espèces de poissons, mais certaines ne peuvent s'y reproduire faute de trouver la végétation nécessaire pour déposer leurs œufs.

Il arrive que le renard vienne chercher en ville de quoi se sustenter, tandis que les renardeaux l'attendent, au milieu de la nature proche, dans leur terrier. Mais il est bien rare de le croiser dans les rues.

▲ ▼ *Les jeunes faucons crécerelles ne quittent leur abri pour voler qu'après quatre semaines environ. Ils habitent souvent les tours ou les clochers.*

▼ *Les jeunes chauves-souris restent dans les greniers où elles sont nées sauf en cas de danger ; les mères les emportent alors ailleurs. Celles-ci donnent naissance à un seul petit qui pèse environ 6 g.*

▲ *Les pigeons ramiers se reproduisent dès le mois de décembre grâce à la chaleur des villes. Les oisillons sont nourris avec un liquide qui ressemble à du fromage blanc et que les parents produisent dans leur jabot.*

◀ ▲ *Très discrète, la fouine sait trouver des maisons abandonnées et des greniers désaffectés où elle met bas.*

▶ *Les mouettes fréquentent beaucoup les villes, surtout en hiver. Les jeunes mouettes rieuses se reconnaissent à leurs ailes marquées de brun et à une bande noire à l'extrémité de leur queue.*

▲ La chouette effraie habite greniers ou clochers, où elle installe son nid. Elle ne sort que la nuit pour chasser souris et moineaux.

▼ Sept semaines après leur naissance, les jeunes canards colverts sont capables de voler.

▲ Il arrive que la mésange installe son nid dans une boîte aux lettres. Les oisillons sont souvent victimes des intempéries ou encore d'autres oiseaux.

▲ ▶ À la naissance, le bébé écureuil est nu, aveugle et sans défense. Il ne pèse qu'une douzaine de grammes, mais possède déjà des moustaches.

▶ Les eaux de la Seine abritent des brochets qui, adultes, peuvent peser jusqu'à 10 kg.

▼ La pie voit son nid parfois visité par la corneille noire, tandis qu'il lui arrive de prélever les œufs des passereaux, d'où sa réputation de voleuse.

▼ En Alsace, la cigogne construit son immense nid sur les toits et sur les cheminées des maisons.

▸ *La chatte peut donner naissance dans une même portée à des chatons engendrés par plusieurs mâles ; chacun de ses petits peut donc être issu d'un père différent. (Ici des chats des forêts norvégiennes.)*

▾ *Le chaton a les yeux bleus pendant les premières semaines, ses griffes et ses dents sont déjà très acérées. (Ici un chat européen.)*

▸ *La robe du Persan prend sa couleur définitive vers l'âge de six mois.*

▾ *Le chaton (ici un chat européen) déploie une activité intense : il s'initie à la course, à l'escalade, etc.*

▾ *Les chatons (ici des chats européens) adorent jouer et sont très curieux. Souples et légers, ils se font très rarement mal.*

D'adorables chatons

À la campagne, juste avant la naissance, la chatte quitte souvent la maison pour trouver un lieu secret où mettre bas. Au bout de quelques jours, elle ramène un par un ses petits au domicile. À la ville, elle choisit dans l'appartement un endroit bien dissimulé où elle prépare une couche douillette. Ses chatons, sourds et aveugles à la naissance, sont minuscules : ils pèsent de 70 à 130 grammes. Instinctivement, ils se dirigent aussitôt vers les mamelles de leur mère. Les premiers jours de leur existence, ils ne se réveillent que pour téter ; ils dorment la plupart du temps. À leur attention, la mère produit un son spécial pour les attirer contre son corps bien chaud. Au bout d'une dizaine de jours, les chatons ouvrent les yeux et après trois semaines, ils sont déjà capables de ramper et de se nettoyer. Ils sont de plus en plus indépendants et commencent doucement à explorer le monde alentour. Très vite, ils se mettent à jouer comme des fous : ils s'élancent soudainement, font des cabrioles, grimpent le long des rideaux. Puis, passé quelques mois, ils se calment et deviennent plus apathiques.

Excellente nourrice, la mère est même capable d'allaiter des chiots ou des renardeaux orphelins. Elle est aussi une éducatrice émérite. Elle surveille ses petits en permanence et leur apprend, en jouant, tout ce qu'ils devront savoir pour être des chats adultes accomplis : la propreté, des techniques de défense et de chasse.

Pour eux, elle est prête à tout. Bien qu'elle déteste l'eau, elle irait s'y jeter pour aller repêcher l'un de ses chatons si c'était nécessaire. De leur côté, ses petits prennent un malin plaisir à l'agacer, à la titiller, à lui faire toutes sortes d'espiègleries qu'elle supporte, stoïque. À l'âge de deux mois, les chatons sont prêts à quitter la portée et, vers huit mois, ils ont acquis toute leur indépendance.

◄ ▼ Les chats de gouttière appartiennent au type européen.

Une toilette scrupuleuse

La mère lèche et lustre ses petits avec application après chaque tétée. Elle stimule ainsi leur respiration et les fonctions d'élimination.

▲ *Les chatons passent le plus clair de leur temps à dormir.*

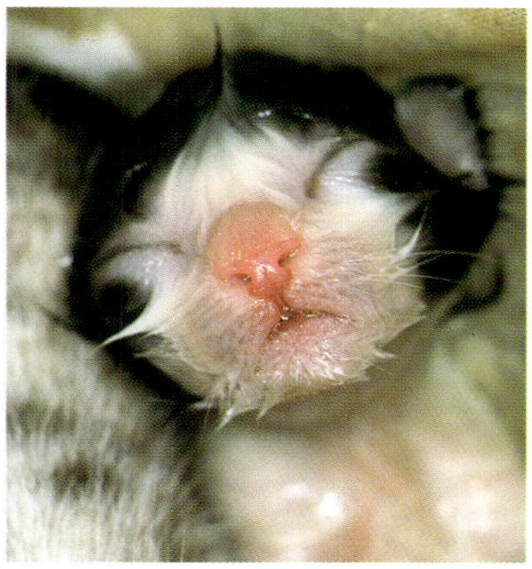

◄ ▲ *Les petits naissent après une gestation de soixante-deux jours environ.*

◄ ▲ *Les chatons sont coquins, ils aiment se faufiler un peu partout.*

▲ *Une fois adulte, le shar-peï conservera tous ses plis !*

▼ *Les petits naissent après une gestation de cinquante-huit à soixante-cinq jours.*

Des chiots espiègles

À la naissance, les chiots sont aveugles, sourds et ne perçoivent aucune odeur. Très faibles et sans défense, ils sont incapables de vivre sans les soins de leur mère. Celle-ci accomplit parfaitement son devoir : elle ne les quitte pas plus de quelques minutes, et lorsque c'est vraiment indispensable. Elle les nourrit, les lèche consciencieusement pour les nettoyer et assure la propreté de la litière en avalant leurs déchets. Un peu plus tard, elle leur fera découvrir le monde. La première semaine, serrés les uns contre les autres, les chiots passent leur temps à dormir, sauf lorsqu'ils tètent, toutes les deux heures. À deux semaines, leurs paupières s'ouvrent, et à trois, ils deviennent sensibles aux bruits, tandis que leur odorat commence à se développer. Si un chiot vient à s'éloigner, la mère le ramène vite par la peau du cou. Vers l'âge d'un mois, ils se mettent à explorer le monde. La perception des objets qui bougent leur fait faire toutes sortes de mimiques comiques et attendrissantes. Ils se bagarrent entre frères et sœurs, ce qui est une manière de faire davantage connaissance. La mère participe à ces jeux qui sont un véritable apprentissage. Les chiots anticipent et expérimentent ainsi des situations de la vie adulte : la chasse, la course, les morsures, la défense. Et surtout, une hiérarchie commence à s'établir entre eux. Les plus forts assujettissent les plus faibles. Il arrive que ces derniers adoptent une posture de soumission : ils se couchent alors sur le côté, le ventre en l'air et émettent parfois un jet d'urine. À six semaines, le chiot a acquis pratiquement tous les comportements propres à son espèce. Très dévouée durant les premières semaines, la mère devient indifférente dès lors que ses petits peuvent se débrouiller seuls.

◀ *Whippet.*

▼ *Le berger de Brie est un chien intelligent et très affectueux.*

▼ *Les Romains utilisaient les ancêtres des rottweilers pour conduire les troupeaux.*

◀ *Les chiots labradors sont pataudS, patients, gais et affectueux. Ils le resteront en grandissant.*

▼ *À dix semaines, on taille les oreilles du boxer en pointe.*

▲ *La portée est de quatre à cinq chiots pour une chienne de race petite et de plus de dix pour un animal de grande taille. Le record étant de vingt-trois. (Ici des boxers.)*

◀ ▲ Les oreilles du berger allemand sont d'abord molles ; elles ne se redressent que vers cinq mois.

▼ La mère (ici race de saint-hubert) protège et défend assidûment ses chiots.

▲ ▶ À cinq semaines, un chiot mange dans une écuelle. (Dalmatiens et braques d'Auvergne.)

▲ Berger d'Anatolie.

Un sevrage progressif

Vers la cinquième semaine, lorsque apparaissent leurs dents de lait, les chiots s'amusent à mordiller leur mère. C'est à ce moment qu'elle commence à refuser d'être tétée plusieurs fois par jour. Quand les chiots ont dix semaines, elle ne les allaite plus du tout. (Ici une portée de dogues argentins.)

◀ ▼ Petits, les chiens adorent jouer. (Ici des bouviers bernois.)

Le poulain et son parent l'ânon

Par une nuit de printemps, la jument met bas. Elle renifle son petit et pousse un doux hennissement. Ses coups de langue, tout en le nettoyant, lui commnuniquent son odeur, tandis qu'elle étudie soigneusement la sienne pour pouvoir le reconnaître. Car au début, le poulain est incapable d'identifier sa mère. De la tête, elle l'encourage à bouger, à étirer ses membres, à se dresser sur ses pattes incertaines. Ce qu'il ne tarde pas à faire. Il ne lui faut même pas une heure pour se tenir debout et se mettre à téter, activité à laquelle il s'adonne toutes les heures. Quelques jours à peine après sa naissance, le poulain gambade auprès de sa mère. Il est même capable d'aller à sa vitesse, si elle n'est pas trop rapide. La jument prend grand soin de son petit : elle ne le quitte pas d'un pas, le tient éloigné des curieux, l'accompagne dans ses jeux et le protège contre tous les dangers. À quatre semaines, les poulains commencent à jouer ensemble. Des amitiés se nouent, parfois pour des années. En contact les uns avec les autres, ils apprennent peu à peu à connaître leur place singulière dans la harde. Les pouliches ont tendance à rester près de leur mère. Vers six mois, les jeunes ont gagné leur indépendance.

C'est par l'arrière-train que l'ânesse essaie de soulever son petit pour le mettre debout. Deux jours après, l'ânon galope devant sa mère vigilante. Après deux mois, il s'éloigne d'elle de plus en plus. Et, au bout d'un an, il la quitte définitivement. On l'aura qualifié d'entêté, d'indécis et même d'idiot. Mais tout cela relève de la légende : l'âne est intelligent et doux. Petit, il est un merveilleux compagnon de jeu.

▲▼ *La jument ne cessera d'allaiter son poulain que lorsqu'il aura atteint l'âge de cinq ou six mois.*

▼ *Vers l'âge de six mois, une pouliche pèse environ 230 kg. Adulte, elle atteindra plus de 500 kg.*

▲▼▶ *Les juments n'ont qu'un seul petit à la fois après une gestation de onze mois. Au bout de quatre semaines, le poulain commence à s'intéresser à l'herbe, mais il lui faudra attendre d'avoir des molaires pour pouvoir l'écraser et la broyer convenablement. Il continue pourtant à téter sa mère.*

▲ L'ânesse a un premier petit vers l'âge de trois ou quatre ans, après une gestation de douze mois.

▼ Plus tard, cet ânon se contentera d'une nourriture assez grossière, il mangera volontiers des plantes coriaces.

▲ L'ânon est tendre et joueur.

▼ Le poulain du pur-sang est appelé foal.

▲ L'ânon avale entre 3 et 5 l de lait par jour.

▼ En liberté, le poulain peut continuer de téter pendant plus d'un an.

▼ Ce poulain deviendra un adulte très gourmand.

◀ Pour brouter, le poulain écarte ses pattes avant, car son cou est trop court.

▼ Un poulain poney.

▲ Extrêmement vigilante, la jument ne s'éloigne guère de son petit.

▲ *Comme sa mère, le dindonneau ne vole pas. Plus tard, il aura de bonnes pattes musclées pour se déplacer.*

▶ *À deux mois les oisons pourraient vivre seuls, mais ils restent avec leurs parents.*

▼ *Jusqu'à l'âge de trois mois, les dindonneaux sont très maladroits, ils ne parviennent pas à trouver seuls leur auge. Ce sont les poussins qui leur montrent le chemin.*

La basse-cour

Parmi les nombreux bâtiments de la ferme, où vivent beaucoup d'animaux domestiques, se trouve la basse-cour.

Généralement située dans la cour, elle est peuplée de poules, d'oies, de canards, etc. Une grande activité y règne. Tout ce petit monde très bruyant évolue depuis le lever du soleil, moment où le coq, véritable horloge, réveille la communauté, jusqu'à la tombée du jour. C'est à ce moment que la plupart des animaux regagnent leur abri. Partout, ça s'agite, glousse, cancane et roucoule. Le dindon fait la roue en glougloutant, tandis que la poule caquette fébrilement lorsqu'elle n'est pas occupée à couver ses œufs. Elle en pond de dix à douze à la fois. L'éclosion aura lieu vingt et un jours plus tard. La dinde, quant à elle, couve de huit à quinze œufs, une fois par an. Tous ces animaux protègent soigneusement leurs petits. Devant des bruits inhabituels ou lorsqu'ils pressentent une menace, il leur arrive même d'attaquer. L'oie et le jars défendent leur nid avec beaucoup d'énergie. Ils cacardent allègrement devant toute intrusion. Mais contre le renard qui rôde parfois la nuit, seul un système de clôture efficace peut être dissuasif.

La fermière vient distribuer des grains d'orge, de blé et de maïs par poignées, ce qui a pour effet d'augmenter encore le fond sonore. Elle prélève quelques œufs ou quelques bêtes qu'elle destine à son usage personnel ou au marché local. Mais depuis qu'il existe des méthodes modernes d'élevage en batterie, les animaux désertent un peu les cours des fermes. Heureusement, il reste encore quelques basse-cour à usage domestique.

◀ *Les oisons sont des nidifuges : ils quittent leur nid aussitôt après leur naissance et sont capables de marcher et de nager.*

▼ *Plus tard, l'oison mangera des feuilles, des fleurs, des tiges et des racines.*

▲ *Une portée de canards peut compter une douzaine de canetons. À peine sortis de l'œuf, ils se tiennent solidement sur leurs pattes.*

▶ *Dès la naissance, les canetons marchent derrière leur mère, se jettent dans l'eau à sa suite et nagent.*

◂ Boule de duvet nichée dans les plumes de sa mère, le poussin s'en éloigne au bout d'une demi-journée, picore et se met à courir partout.

▸ La lapine met au monde de trois à sept lapereaux dans un petit terrier qu'elle a tapissé d'herbe et de poils.

▴ La poule est une très bonne mère : elle donne consciencieusement à manger et à boire à ses petits et les protège.

◂ À la naissance, les lapereaux sont absolument démunis : ils sont nus, sourds et aveugles. Deux semaines plus tard, ils sont quasiment indépendants.

▴ La lapine rend visite à ses petits une ou deux fois par jour pour les allaiter.

◂ À sa naissance, le poussin pèse environ 35 g et mesure 8 cm.

▴ Plus tard les petits pintadeaux, sociables avec leurs congénères, deviendront agressifs avec d'autres espèces.

◂ Durant les six premiers mois, les poussins changent de plumage trois fois.

▲ *Les chrétiens ont fait de l'agneau un symbole de pureté et les enfants apprécient particulièrement sa douceur.*

▶ ▼ *L'agneau tète pendant vingt jours. Il sera sevré à l'âge de trois, quatre mois.*

▼ *S'il est égaré, l'agneau pousse un bêlement aigu et languissant.*

Doux comme un agneau

La brebis met au monde un ou deux petits après une gestation de cinq mois. Une demi-heure au plus tard après leur naissance, les agneaux se dressent sur leurs pattes tremblotantes, retombent une ou deux fois, et très vite se mettent à faire des bonds. Leur mère les nourrit pendant plus de deux mois, avant qu'ils ne commencent à brouter. Pour téter, ils se mettent à genoux sur leurs pattes avant et écartent celles de derrière. Ils attrapent l'un des trayons de la mamelle et tirent par petits coups brusques.

Il est difficile de distinguer un agneau d'un autre agneau. Les mères y parviennent le plus souvent en identifiant parmi tous les animaux le bêlement de leur progéniture. Elle ne leur permet de téter que si elle a ensuite reconnu leur odeur. Mais l'agneau ne possède pas encore ces capacités et perd parfois définitivement sa mère de vue. Il faut alors l'abriter à la ferme et le nourrir au biberon jusqu'à ce qu'il puisse se débrouiller seul.

Les moutons vivent en troupeau : ils ont peu de goût pour la solitude. Lorsqu'un petit s'éloigne malencontreusement du groupe, il pousse des bêlements déchirants jusqu'à ce que sa mère le retrouve. En grandissant, l'agneau femelle, qui devient brebis, garde sa douceur légendaire. Mais l'agneau mâle, quant à lui, se transforme en un bélier plutôt agressif. À moins qu'on ne le castre pour en faire un mouton.

◀ *Tendre et ingénu, l'agneau contemple le monde.*

▶ *Les agneaux adorent courir et faire des cabrioles.*

◀ ▼ *L'agneau n'est jamais très loin de sa mère.*

▲ *La mère lèche son petit qui vient de naître.*

▼ *L'agneau atteindra son plein développement à l'âge de trois ans, mais peut se reproduire à partir de dix-huit mois.*

▲ *La plupart des agneaux mâles sont abattus et mangés vers l'âge de quatre ou cinq mois.*

▲ *L'agneau tente parfois de téter une mère qui n'est pas la sienne. Celle-ci le repousse alors d'un coup de tête pour lui signifier qu'il se trompe.*

▲ *Il vivra une quinzaine d'années.*

▶ *L'agneau commence à brouter alors qu'il tète encore sa mère.*

Pour téter, le veau entoure sa langue autour de la mamelle et aspire très fort. Il boit jusqu'à 10 l de lait par jour pendant trois à six mois.

Les vaches ont en général un veau par an.

Un unique veau

Le veau vient au monde après neuf mois et demi de gestation. C'est un enfant unique, il est très rare, en effet, que la mère donne le jour à plus d'un animal à la fois. Il est couvert de poils, et ses yeux sont grands ouverts sur le monde. Il pèse déjà entre 30 et 50 kilos. Quelques heures après sa naissance, il fait ses premiers pas dans l'étable ou dans la prairie. Pendant les premiers jours de son existence, il passe le plus clair de son temps à dormir, quand il ne tète pas longuement sa mère, qui l'abreuve d'un lait très riche. La vache reconnaît son petit essentiellement à l'odeur, tandis que celui-ci répond à son meuglement ; un lien très fort les unit à cette période. Pour attirer l'attention de sa mère ou de ses congénères, le veau pousse de forts mugissements. Par ces cris, il exprime sa faim ou se plaint de sensations désagréables.

Plus tard, il devient comme sa mère, un animal contemplatif, occupé à brouter plus de huit heures par jour et à ruminer consciencieusement. Une fois sevré, il rompt tout lien avec sa mère pour trouver sa place dans le troupeau, tandis que les taureaux, à l'écart, attendent impatients la période des chaleurs.

Si son petit lui est enlevé avant terme, la vache connaît plusieurs jours de détresse. Sa progéniture, plus ingrate, s'accommode mieux de la situation. Elle se prend facilement d'affection pour d'autres veaux ou encore pour ses maîtres.

Dans les premiers temps, vache et veau sont très proches.

▲ Il arrive, mais c'est exceptionnel, qu'une vache donne naissance à des jumeaux.

▲▼ Plus tard, la génisse, devenue une bonne vache laitière, pourra donner jusqu'à 650 l de lait par mois.

▲ Le veau est appelé taurillon s'il s'agit d'un mâle et génisse si c'est une femelle.

Un lait convoité

Il est courant de remplacer l'allaitement par un substitut artificiel afin de récupérer le lait pour un usage commercial. Pourtant, après le vêlage, les vaches en produisent suffisamment pour nourrir leurs petits et satisfaire à la consommation humaine.

▲ Ce tout jeune veau qui a bien du mal à se dresser sur ses pattes, pourtant broute déjà.

▲ À une vingtaine de mois, le veau atteint la maturité ; il peut alors se reproduire à son tour.

▶ Les jeunes forment de petits groupes. Adultes, ils deviendront solitaires.

◀ Adulte, il passera de longues heures contemplatives à ruminer.

▲ *Les jeunes cochons jouent en se bousculant et en grognant à qui mieux mieux.*

▼ *Les jeunes pèsent environ 1 kg à la naissance, puis doublent leur poids en huit jours.*

▲ ▼ *La truie possède douze mamelles qui délivrent aux porcelets un lait très riche.*

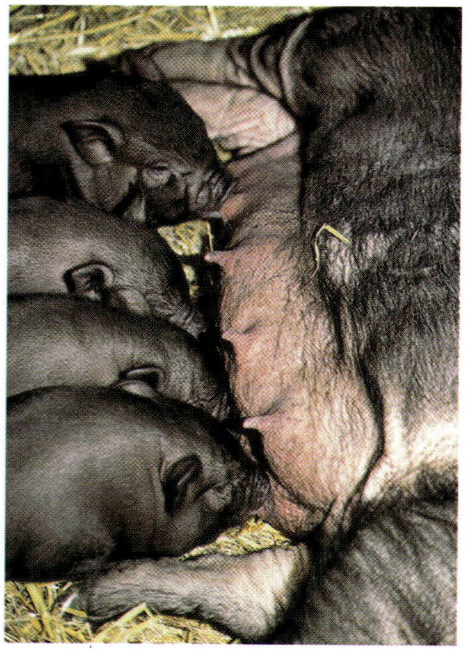

Des porcelets en nombre

Il est rare d'assister à une naissance de porcelets. Celle-ci se déroule la plupart du temps pendant la nuit. Quand l'heure arrive, la truie s'agite et creuse le sol pour y faire son nid. Une heure après, elle a mis bas. Elle lèche alors soigneusement ses petits avant de les diriger au moyen de son groin, vers ses tétines, dont elle possède un très grand nombre. Chacun a la sienne et se voit chassé par ses frères ou sœurs s'il vient à se tromper. Les tétines situées à l'avant produisant davantage de lait, les porcelets rivalisent pour y accéder. Ils vont jusqu'à se mordre au moyen de leurs dents de lait acérées. La truie est un animal prolifique, elle est capable d'avoir entre quatre et douze petits par portée. Le record est détenu par une truie qui a mis bas trente-quatre porcelets dans un élevage situé au Danemark. Une heure après leur venue au monde, ils essaient déjà de se dresser sur leurs pattes vacillantes. Il ne leur faut que quelques efforts pour trottiner partout très rapidement.

Le porcelet pousse des grognements et des cris particulièrement aigus et perçants. Ce peut être aussi bien le signe d'une frayeur que d'un contentement. Ces couinements les aident par ailleurs à se regrouper. Face à une menace, la mère émet un sifflement nasal pour prévenir ses petits. En cas de danger réel, elle n'hésite pas à attaquer. Lorsqu'elle fouille la terre avec son groin, il lui arrive aussi de grogner pour signaler à ses porcelets qu'elle a trouvé quelque chose d'intéressant à manger.

Le porcelet a très longtemps été un symbole de chance. Sans doute parce qu'une large portée représentait une valeur inestimable pour les paysans. Mais pour les animaux, cela signifiait malheureusement finir en produits de charcuterie.

▲ ▼ *La truie peut avoir deux portées par an.*

◀ *L'allaitement dure de deux à trois mois.*

▶ ▼ *Contrairement à ce que l'on croit trop souvent, le cochon est tout à fait sociable, affectueux et intelligent.*

◀ *Le cochon de lait porte ce nom jusqu'à six mois.*

▼ *Un porcelet peut atteindre 20 kg à deux mois et 100 kg à six mois.*

Une technique bien au point

Le cochon se vautre dans la boue pour trouver de la fraîcheur ou pour se nettoyer : il se couvre de boue qu'il laisse sécher. Il se frotte ensuite contre un arbre ou un grillage pour se débarrasser de la croûte chargée de poux et de puces.

▲ *Le cochon est domestiqué par l'homme depuis plus de cinq mille ans.*

◀ *Le cochon n'est pas difficile : omnivore, il mange des pommes de terre, des pommes, des carottes, des viandes cuites, etc.*

▲ *Le chevreau naît après cinq mois de gestation.*
▼▼ *La chèvre a une portée d'un ou deux chevreaux.*

Un chevreau plein de vie

La chèvre met bas son petit debout, qui tombe directement dans la paille de l'étable. Cela annonce bien le caractère du chevreau encore nommé cabri – de là vient le mot « cabriole » – : il ne cessera de s'agiter. Une demi-heure après sa naissance, quelques tentatives maladroites et émouvantes finissent par le mettre sur ses pattes et, peu de temps après, il commence à jouer, à sauter, à gambader. Son agilité lui permettra d'être à l'aise sur les pentes les plus abruptes et lui donnera envie de s'échapper sans cesse.

Mais il est tout d'abord abondamment léché par sa mère, qui s'imprègne de son odeur et lui communique la sienne, préalable indispensable à la reconnaissance réciproque. Puis elle l'abreuve d'un lait très riche. Après une semaine, le cabri se mettra à grignoter du foin, sans pour autant cesser de téter. Adulte il se contentera d'une nourriture très frugale : des ronces, des buissons, des pissenlits. Il n'hésitera pas à grimper aux arbres pour manger les jeunes pousses ni à en ronger l'écorce. Véritables tondeuses sur pattes, les chèvres sont parfois utilisées, comme en Provence, pour débroussailler les forêts et ainsi les protéger des incendies.

Il arrive parfois qu'une mère néglige son petit. Celui-ci est alors pris en charge par l'éleveur qui doit lui prodiguer des soins à sa place et le nourrir au biberon. Pourtant, la chèvre est une grande protectrice. Particulièrement en montagne, où elle doit défendre farouchement son chevreau contre l'aigle qui plane, aux aguets.

▶ *Le chevreau est tendre et deviendra un adulte fidèle, bien que méfiant.*
◀ *Le cabri pèse environ 1,7 kg à la naissance et atteint une dizaine de kilos au bout d'un mois et demi.*

▸▾ *Le chevreau adore jouer, grimper, sauter.*

▸ *Les chèvres sont sevrées vers l'âge de quatre ou cinq mois.*

▾ *Dans les grands élevages, les petits sont nourris de lait en poudre, alors que le lait de la mère est gardé pour être commercialisé.*

▴ *Un chevreau mâle deviendra un bouc, souvent agressif.*

▴ *Le chevreau a une voix aiguë et tremblante.*

▾ *La chèvre peut avoir son premier petit à l'âge d'un an.*

▴ *Plus tard, cette jeune chèvre donnera de 350 à 1 000 l de lait par an, trois fois plus que la vache, proportionnellement à son poids.*

▴ *Après avoir brouté, le chevreau rumine.*

ALBINOS : se dit d'animaux caractérisés par un poil blanc et l'iris de l'œil rosé, singularités dues à une anomalie génétique, l'absence de mélanine.

ALEVIN : jeune poisson destiné à peupler les rivières et les étangs.

AMIBE : protozoaire que l'on trouve dans les eaux douces ou salées.

AMPHIBIEN : vertébré amphibie à peau nue, à température variable et à respiration principalement cutanée. La larve, aquatique, possède des branchies.

Lionceaux au point d'eau (Botswana).

CARNASSIER : se dit d'un animal qui se nourrit de chair crue.

CONGÉNÈRE : animal qui appartient à un même genre ou à une même espèce qu'un autre.

CRÈCHE : lieu où se regroupent certains jeunes animaux afin qu'un adulte veille sur eux en l'absence des parents.

ÉPOUILLAGE : opération qui consiste à débarrasser le pelage des poux et autres parasites. Les singes en ont une grande pratique.

HERBIVORE : se dit d'un animal qui se nourrit de végétaux.

INVERTÉBRÉ : se dit d'un animal dépourvu de colonne vertébrale et de squelette (insectes, mollusques, etc.).

LARVE : forme que prennent certains animaux (insectes, amphibiens, batraciens, etc.) dans les premières phases de leur existence.

LOVIÈRE : tanière du loup, où naissent et grandissent les louveteaux.

MARSUPIUM : poche située sur le ventre des marsupiaux, dans laquelle le nouveau-né se développe.

MUE : changement de pelage, de peau, de plumage ou de carapace lié à l'âge de l'animal ou aux saisons.

NIDICOLE : l'oisillon qualifié de nidicole grandit dans le nid jusqu'à ce qu'il sache voler.

NIDIFUGE : l'oisillon qualifié de nidifuge quitte le nid un jour après l'éclosion au plus tard.

ŒUFS DÉMERSAUX : pondus par des poissons, ce sont des œufs plutôt gros et lourds qui tombent au fond de la mer ou s'accrochent à des plantes.

ŒUFS PÉLAGIQUES : petits, légers et pondus en grand nombre, ces œufs flottent à la surface, en haute mer.

OVIPARE : qui se reproduit par des œufs.

Chevaux sauvages (Namibie).

Orang-outan (Indonésie).

PATRIMOINE GÉNÉTIQUE : ensemble des caractères qui se transmettent de façon héréditaire.

PINNIPÈDE : mammifère carnivore adapté à la vie aquatique, tels le phoque, le morse ou l'otarie.

PRÉDATEUR : animal qui se nourrit de proies capturées vivantes.

PRIMATE : mammifère qui possède des mains préhensiles, comme les singes et les lémuriens.

PROTOZOAIRE : être vivant à la conformation très simple, formé d'une cellule unique.

ULTRASON : son dont la fréquence dépasse 20 000 hertz, inaudible pour les humains mais perçu par certains animaux.

VIVIPARE : se dit d'un animal dont les petits naissent déjà complètement développés et non enfermés dans un œuf.

Berger allemand.

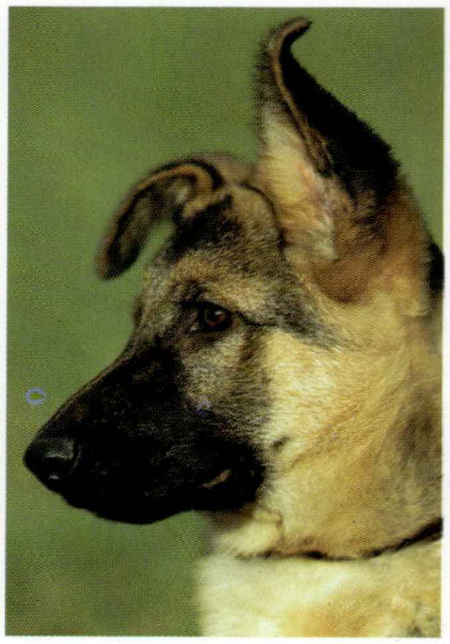

Les chiffres en gras renvoient aux illustrations.

Orang-outan (Indonésie).

Guépards (Kenya).

Otarie de Californie.

Petit duc maculé (Floride).

Chenille.

Chevreuil.

Guépard (Kenya).

Poulains (France). Hyène tachetée.

Chatons européens.

Lynx d'Europe.

Orang-outan (Indonésie).

Remerciements

Nous remercions toute l'équipe de l'Agence JACANA et tout particulièrement Cécile MICHAUD.

Crédits photographiques

Toutes les photos de ce livre proviennent de l'Agence JACANA.

Légendes

Photos de couverture, de haut en bas et de gauche à droite :

1re de couverture

Cercopithécidé entelle (nouveau-né), jeune phoque du Groenland, agneau, jeune gorille de l'Ouest, poussin, chaton européen, lionceau, lapereau, jeunes campagnols, grande aigrette (poussin), veau.

4e de couverture

Jeune éléphant de mer, jeune éléphant d'Afrique, manchots, jeune impala, chiots labrador et setter, porcelets, oisillons, jeune tigre, jeune koala, louveteau de six semaines, girafe et girafeau.

Sommaire

Naissance d'une couleuvre, grande bernache antarctique, chatons européens ; Montagne aux singes : femelle jeune ; guépards, porcelets. Grande photo face au sommaire : maki catta (Madagascar).

Page 128

De gauche à droite : chacal à chabraque, maki catta, hamadryas, chaton européen.

Si vous souhaitez recevoir notre catalogue
et être tenu au courant de nos publications,
envoyez-nous vos nom et adresse, en citant ce livre
et en précisant les domaines qui vous intéressent.

Éditions SOLAR
12, avenue d'Italie
75013 PARIS

site Internet : www.solar.tm.fr

Conçu et réalisé par Copyright pour les Éditions Solar
Conception graphique : COPYRIGHT (Hervé Tardy et Dorothée de Monfreid)
Maquette : Andréa Le Naour
Suivi éditorial : Michel Viard

ISBN : 2-263-02822-6 Code éditeur : S02822 Dépôt légal : janvier 1999 Imprimé en Espagne